Habilitando la apertura:
el futuro de la sociedad de la información en América Latina y el Caribe

Editado por
Bruce Girard y Fernando Perini

Fundación Comunica
Montevideo, Uruguay

International Development Research Centre
Ottawa • Cairo • Montevideo • Nairobi • New Delhi

Habilitando la apertura: el futuro de la sociedad de la información en
América Latina y el Caribe

Editores: Bruce Girard y Fernando Perini

Fundación Comunica
Pablo de María 1036
Montevideo 11200
Uruguay
www.comunica.org / info@comunica.org

Coeditado con:

International Development Research Centre
PO Box 8500
Ottawa, ON K1G 3H9
Canada
www.idrc.ca / info@idrc.ca

Diseño gráfico: Rodolfo Fuentes/NAO

ISBN 978-1-55250-580-9 (impreso)
ISBN 978-1-55250-581-6 (e-book)

Habilitando
la apertura:
el futuro
de la sociedad
de la información
en América Latina
y el Caribe

Editado por
Bruce Girard y Fernando Perini

Comunica

✳ IDRC | CRDI   Canadä

ÍNDICE

Sección 3: Ciudadanía digital

Sección 4: Leyes de derechos de autor y la economía creativa

Sección 5: Privacidad

Sección 6: Conectando el pasado y el futuro

Conclusión

PRÓLOGO

Internet, apertura y el futuro de la sociedad de la información en América Latina y el Caribe

Fernando Perini[1]

En los últimos diez años la internet se ha convertido en un asunto central para el desarrollo de América Latina y el Caribe (ALC). Internet y otras tecnologías de red han demostrado su capacidad de aumentar la productividad y la competitividad de las economías, crear nuevas formas de ofrecer servicios de educación y salud, y funcionar como fuerzas impulsoras para la modernización de la prestación de servicios públicos. A pesar de que la región aun enfrenta numerosos desafíos, el uso de internet, inicialmente disperso a través de diversos sectores -educación, gobierno, salud y produccción- viene permeando de manera creciente los diálogos sobre políticas públicas nacionales y regionales en curso. El aumento de las inversiones en infraestructura de banda ancha en la región demuestra que existe un creciente consenso acerca de que el desarrollo humano y el crecimiento económico dependen en gran medida del acceso adecuado y del uso eficaz de las nuevas tecnologías de la información y la comunicación (TIC).

Al mismo tiempo, la agenda regional se acerca a un punto de inflexión. No hay duda de que internet seguirá catalizando cambios significativos en ALC. Sin embargo, a medida que la tecnología digital afecta nuevas dimensiones de la vida económica, social y política de los países de la región, el debate sobre la

---

1   Oficial de Programa Senior en el Centro Internacional de Investigación para el Desarrollo (IDRC).

capacidad potencial de internet y para fomentar el desarrollo se vuelve también más diverso, a la vez que se dispersa. Cuando pensamos en el futuro de la sociedad de la información en la región, muchas preguntas acerca de internet y su contribución al desarrollo todavía permanecen sin respuesta.

- ¿Internet continuará siendo abierta durante la próxima década?
- ¿La vigilancia en línea desafiará cada vez más la privacidad individual?
- Los datos abiertos, las redes sociales y las nuevas formas de participación, ¿mejorarán la democracia en la región?
- ¿Seremos capaces de aprovechar las posibilidades de colaboración que ofrece internet para crear economías socialmente más significativas y sostenibles?
- La educación digital, la ciencia y la creatividad, ¿prosperarán en ALC y reflejarán la diversidad cultural de sus pueblos?

Estos son algunos de los temas actuales que serán clave a la hora de determinar si internet efectivamente contribuirá a la creación de una sociedad más abierta y desarrollada en nuestro rincón del mundo.

A pesar de las numerosas incógnitas, una cosa está clara: sabemos que las decisiones que tomemos hoy determinarán qué tan "abiertas" o "cerradas" serán nuestras sociedades en el futuro. Muchos países de la región están reformando su legislación y sus instituciones para adaptarlas a la era digital. Temas como los derechos de autor, la neutralidad de la red, la protección de los datos personales, el acceso a la información, o la libertad de expresión ocupan un lugar cada vez más importante en las agendas políticas de muchos países de la región. Sin embargo, también hemos visto cambios que no han sido necesariamente fáciles o positivos.

Este libro contiene una serie de reflexiones y perspectivas sobre las oportunidades y desafíos que implican ciertas cuestiones políticas emergentes planteadas durante el seminario Desarrollo Abierto: explorando el futuro de la sociedad de la información en América Latina y el Caribe 2000-2025, que tuvo lugar en Montevideo el 2 y 3 de abril de 2013.

Un grupo de funcionarios y expertos se reunieron en Montevideo en el marco de la Cuarta Conferencia Ministerial sobre la Sociedad de la Información en América Latina y el Caribe, para revisar la agenda regional y conversar sobre ella. Por su parte, el International Development Research Centre (IDRC, Centro internacional de investigación para el desarrollo) trabajó con la Fundación Comunica para organizar un seminario como evento previo. Con base en una agenda de investigación que se proponía explorar el conjunto de posibilidades emergentes de catalizar un cambio positivo mediante actividades informáticas "abiertas" y en red en el ámbito del desarrollo internacional,[2] promovimos este espacio para reflexionar sobre la dirección de los cambios ocurridos en la región y los nuevos temas que están sobre el tapete, analizando cómo se pueden tratar mejor desde las iniciativas regionales.

Este libro contiene 25 capítulos breves repartidos en seis temas que tratan sobre los temas del seminario. A fin de crear un debate rico e informado, nos asociamos a varias organizaciones líderes de América Latina y el Caribe para identificar los temas claves y analizar las diferentes visiones y perspectivas. Queremos agradecer especialmente a nuestros coordinadores temáticos, Hernán Galperin de DIRSI, Sandro Jiménez-Ocampo de KolaborAccion, Geoff Schwarten de NESsT, Ronaldo Lemos y Joana Varon de la Fundaçao Getúlio Vargas y Claudio Ruiz de Derechos Digitales, al igual que a los diversos colaboradores que

---

2   Smith, Matthew L., Laurent Elder, and Heloise Emdon. 2011. "Open Development: A new theory for ICT4D." *Information Technologies & International Development 7.1* (2011): pp-iii.

han hecho posible esta reflexión colectiva. También Valeria Betancourt, de APC, y Manuel Acevedo, enriquecieron el diálogo con su revisión de las experiencias pasadas de colaboración regional. La alianza con AGESIC, el organismo uruguayo a cargo del gobierno electrónico, y CEPAL fueron claves para el desarrollo de sinergias entre la consulta abierta y los participantes de la conferencia ministerial. Finalmente, agradecemos la colaboración fundamental de la profesora Robin Mansell, que prestó apoyo a esta iniciativa desde el inicio. Sus aportes fueron esenciales para enmarcar este diálogo regional en el contexto del debate mundial sobre la apertura en la sociedad de la información. Este libro se publica de manera simultánea en español e inglés gracias al trabajo de traducción y corrección de Lori Nordstrom, Clio Bugel y Guillermo Vicens. Un agradecimiento especial a Estela Acosta y Lara por su infatigable y cuidadosa coordinación de la traducción, la corrección y la producción general de la obra.

La conversación también fue más allá de las limitaciones físicas del seminario, y los capítulos resultantes reflejan un compromiso en línea y en vivo con una comunidad amplia y activa de académicos, responsables de formular políticas, y activistas. Las conversaciones públicas que llevaron a concretar esta publicación comenzaron unos meses antes del evento que tuvo lugar en Montevideo, cuando los coordinadores del panel de expertos publicaron en un blog algunas de las cuestiones destacadas anteriormente. Sus contribuciones iniciaron una conversación en línea y constituyeron la base de las reflexiones de los panelistas y participantes del seminario. En lugar de ser presentaciones tradicionales, las intervenciones de panelistas y participantes giraron en torno de estos temas claves. Así, los expertos tuvieron muchas oportunidades de interacción en las sesiones plenarias y en grupos reducidos. Además, el sitio web "25 años de sociedad de la información en ALC 2000-2025"[3] constituyó un puente entre las conversaciones en línea y en

---

3   www.info25.org

vivo, ya que operó como una plataforma donde está el registro de los debates e interacciones ocurridos, e incluso videos de los diálogos. Esto enriqueció las contribuciones y sirvió para establecer los diálogos que se reflejan en esta publicación, al menos en forma parcial.

Este libro no pretende ofrecer una perspectiva consolidada, o una visión unificada. Presenta un conjunto de reflexiones y perspectivas informadas sobre las nuevas oportunidades y desafíos de la sociedad de la información de la región y, a pesar de los numerosos puntos de concordancia entre los expertos que contribuyen con esta publicación, también hay una diversidad considerable en la forma en que cada autor enmarca los problemas y busca nuevas soluciones. Creemos que la diversidad de perspectivas informadas será bienvenida, ya que aporta riqueza al diálogo y refleja el interés de involucrar a múltiples actores en el debate. En realidad, este libro no pretende ofrecer un recuento exhaustivo de pruebas en relación a los diferentes temas. Cada uno de los temas es complejo y merece análisis y debates más extensos. Muchas de las personas que han contribuido con esta publicación se dedican al desarrollo de evidencia de alta calidad en áreas temáticas específicas. Aquí, el objetivo ha sido lograr un equilibrio entre análisis profundos que sirvan para informar el debate sobre temas específicos, y un diálogo más amplio que reúne tópicos que habitualmente se consideran en forma aislada. Creemos que una conversación sobre el futuro de la sociedad de la información no puede ignorar los vínculos existentes entre estos tópicos tan diferentes. Por lo tanto, resulta particularmente útil establecer puentes entre quienes están involucrados en diferentes áreas para pensar sobre el futuro de nuestra sociedad de la información.

Esperamos que la profundidad y la diversidad de las contribuciones de este libro, así como las conexiones existentes entre ellas, sean un reflejo de nuestra sociedad cada vez más conectada en red. En conjunto, los diversos capítulos muestran que si bien hay importantes fuerzas que dirigen el cambio en direcciones específicas, existe una creencia compartida de que todos somos agentes de construcción del futuro de la sociedad de la información. Todavía están abiertos diferentes caminos de desarrollo. La calidad del diálogo que aparece aquí muestra que estamos desarrollando una base para tomar decisiones informadas sobre estos nuevos temas, y que hay muchas oportunidades de trabajar juntos para estar seguros de que estamos construyendo activamente el camino a seguir y perfilando efectivamente sociedades de la información inclusivas y prósperas en América Latina y el Caribe.

INTRODUCCIÓN

Imaginar internet: abierta, cerrada o algo intermedio

Robin Mansell[1]

Las políticas y prácticas que buscan promover sociedades de la información inclusivas en la región de América Latina y el Caribe, al igual que en todas las regiones del mundo, se basan en las suposiciones que tiene la gente acerca de cómo ocurre el cambio. En esta era, casi todas las partes interesadas son concientes de los cambios sociales que acompañan la aceleración en innovación e inversión en tecnologías digitales de la información y la comunicación. Este conocimiento puede venir de su uso activo de aplicaciones digitales y servicios, o puede ser el resultado de estar excluido de las redes y servicios cerrados, o incluso de los que son abiertos, por carencias en el acceso, falta de recursos financieros o de capacidad. Muchos factores culturales, sociales, políticos y económicos influyen sobre las maneras particulares en que los interesados conciben el modo en que ocurren cambios en las sociedades de la información, sobre cómo moldear esos cambios en pos de objetivos deseables, y sobre las consecuencias de los diversos caminos posibles para lugares, países y regiones determinados. Estas perspectivas y conjeturas sobre el

1   Robin Mansell es presidenta del Comité científico de la Conferencia Europea de investigación sobre políticas de comunicación (EuroCPR); miembro de la Junta de promoción del Instituto de Estudios de Desarrollo (IDS), Sussex, donde fue miembro de la junta fiscal de 1999 a 2009. Es miembro del Consejo científico asesor de LIRNEAsia, Sri Lanka. También fue presidenta de la International Association for Media and Communication Research (IAMCR), 2004-2008 y sigue siendo miembro activo del Comité de revisión de expertos y el de Finanzas de IAMCR.

futuro de las sociedades de la información se sustentan en imaginarios muy arraigados que informan las decisiones de todos los involucrados en estos cambios.

Los imaginarios sociales se pueden entender como la manera en que la gente imagina su existencia social o, como sostiene el filósofo canadiense Charles Taylor, "cómo funcionan con los demás, cómo marchan las cosas entre ellos y sus colegas, las expectativas que normalmente ven cumplidas y las nociones normativas más profundas que subyacen a dichas expectativas".[2] ¿Cómo es que los imaginarios sociales actuales dan cuenta del modo en que las partes interesadas piensan el presente y el futuro de las sociedades de la información y las consecuencias para el desarrollo? En términos muy simples, dos son los imaginarios sociales prevalentes en cuanto a las tecnologías digitales, internet, la telefonía móvil y sus aplicaciones, y ambos implican un profundo compromiso con la idea de que estas tecnologías brindan la posibilidad de construir sociedades "buenas" o justas y equitativas. El principal imaginario dominante en las sociedades de la información actuales está orientado por el mercado. En cambio, los imaginarios alternativos se pueden describir como "abiertos", u orientados por los bienes comunes. El avance hacia la concreción de uno de esos imaginarios suele considerarse como un impedimento para la realización del otro. Este conflicto genera graves problemas cuando se trata de elegir políticas y estrategias, o una combinación de políticas y estrategias que facilite el logro de una sociedad de la información más justa y equitativa.

El imaginario dominante supone una "sociedad de la información" universal donde las tecnologías digitales y sus aplicaciones se asocian directamente a la "iluminación digital" o al conocimiento que puede ser aplicado mediante una inversión relativamente pequeña, aparte de la que se requiere para obtener conectividad y acceso a la información digital. Supone que

---

2   Taylor, Charles. 2007. *A Secular Age*. Cambridge MA: Belknap Press.

la competencia entre los proveedores de tecnología y servicios es la mejor manera de lograr el acceso generalizado a la información (y el conocimiento) y que la seguridad estatal es una de las principales prioridades aunque implique vigilancia, intrusiones en la privacidad y secretismo. Supone que la expansión comercial es el camino óptimo hacia una participación inclusiva en la sociedad de la información, y que ésta se logra incrementando la personalización de los servicios digitales y la extensión y aplicación de la legislación existente sobre derechos de autor, para crear incentivos para la producción y consumo de productos y servicios digitales.

Los imaginarios alternativos "abiertos" o con interés en los bienes comunes se caracterizan por alguna forma de "resistencia digital" frente al modelo universal de la sociedad de la información. Esto suele implicar alguna forma de poder contrapuesto, que privilegia la cooperación y la colaboración antes que la competencia, y las formas innovadoras de colaboración en red, por lo general entre comunidades dispersas. Estos imaginarios suponen que se puede fomentar relaciones de confianza en las sociedades de la información maximizando la transparencia de la información y la toma de decisiones a través de dar acceso abierto a la información y alentar su intercambio, en base a nuevas concepciones sobre la propiedad de la información.

El imaginario dominante sobre la sociedad de la información prioriza la innovación técnica, y a menudo se centra en los beneficios de la convergencia y las oportunidades digitales generados por la creciente modularidad, miniaturización e interoperatividad de los servicios digitales que funcionan en múltiples plataformas y que están en una intensa competencia mercantil. En este imaginario, el núcleo principal, por ejemplo, es a menudo la difusión de teléfonos móviles o inteligentes, así como la conectividad y el acceso a la información.

Las políticas suelen centrarse en la extensión del acceso a las redes de banda ancha y el crecimiento de mercados comerciales para la creación y recolección de contenidos digitales. Los debates tienden a concentrarse en el ritmo de la inversión en infraestructuras de red y en las consecuencias del liderazgo en esta área para el desarrollo de la navegación en internet, las conexiones punto a punto, el protocolo de voz por internet (VoIP), las aplicaciones y las pataformas de publicación de videos no profesionales, pero siempre en términos de crecimiento del tráfico de internet y los dividendos que éste genera. El debate sobre políticas públicas se centra mucho menos en lo que sucede en la parte "privada" o cerrada de internet, donde cada vez hay más servicios digitales que soportan TV digital, telefonía y TV sobre protocolo de internet (IPTV), y que en su casi totalidad están en manos de empresas privadas que los gestionan a través de estrategias comerciales de mercado.

Esto afectará gravemente el modo en que los ciudadanos experimentarán la sociedad de la información del futuro, y la posibilidad de acceder a servicios digitales abiertos, en los que se puede compartir información y colaborar, o cerrados y restringidos a quienes puedan participar en el mercado. También incidirá en que los ambientes digitales futuros sean coherentes con la libertad de expresión y la participación inclusiva de la ciudadanía, valores que van de la mano de los imaginarios alternativos de la sociedad de la información.

En el imaginario dominante de la sociedad de la información se considera que la información tiene un valor económico, y la prioridad política es garantizar la elaboración y aplicación de una legislación sobre derechos de propiedad intelectual que permita la explotación de ese valor. En cambio, en los imaginarios alternativos se supone que la información digital "quiere ser libre". Las partes interesadas que comparten este punto de vista tienen sus diferencias, pero la prioridad principal de sus políticas es maximizar las oportunidades de tener un acceso abierto a la información. Así, hay conflictos entre quienes pretenden que se apliquen las leyes de protección de los derechos de autor y los movimientos sociales que tratan de "liberar" la información, por ejemplo, a través del intercambio de archivos de música u otros contenidos digitales, lo que implica infringir los derechos de autor, o a través de colaboraciones colaborativas en línea que están abiertas al uso y la reutilización de quien lo desee.

En el imaginario social dominante de la sociedad de la información, cuyo énfasis está puesto en la innovación tecnológica, una de las prioridades clave es promover la creciente sofisticación de la recolección y procesamiento automáticos de la información digital. La automatización está generando la aparición de nuevas posibilidades de vigilancia de todas las actividades en línea de la ciudadanía, tanto por parte del Estado como del sector privado. Cada vez más, los ciudadanos pueden hacer "clic", pero no pueden "esconderse". En los imaginarios alternativos se supone que estos desarrollos afectan los derechos humanos de manera sustantiva, e influyen en la posibilidad de que las sociedades de la información futuras sean coherentes con los valores de transparencia y de participación democrática en la sociedad.

Quienes proponen imaginarios alternativos de sociedades de la información son concientes de que las plataformas digitales se pueden utilizar para realizar ataques maliciosos contra los individuos y contra los Estados. En ciertos casos, los Estados utilizan las posibilidades de la red digital para responder, mientras que las empresas utilizan sus conocimientos sobre vigilancia automatizada para desarrollar sofisticadas técnicas de publicidad y marketing. Estas técnicas automáticas de procesamiento de la información también dan lugar a nuevos proyectos de gran envergadura, cuyo objetivo es aprovechar los amplios repositorios de información digital (o "grandes datos") para una creciente variedad de aplicaciones de mapeo y visualización, muchas de las cuales tienen consecuencias benéficas para la salud y el ambiente. Sin embargo, también aquí hay disputas entre los imaginarios dominantes y alternativos. Para los primeros, los "grandes datos" pueden ser cerrados y propiedad exclusiva de sus propietarios; para los segundos, en cambio, dichos datos, cuando se administran abiertamente, constituyen un recurso público al que se puede acceder y aplicarse.

Los imaginarios dominantes y alternativos de las sociedades de la información son profundamente contradictorios. La forma específica del rechazo mutuo se expresa de diferentes maneras en las diversas regiones del mundo según las respectivas historias, contextos culturales, sociales y económicos, y las características políticas, así como los ambientes institucionales. En cada una de las áreas claves analizadas hasta ahora, la pregunta central a plantearse es: ¿quiénes obtienen beneficios ahora de las sociedades de la información y quiénes se verán beneficiados en el futuro? ¿Los beneficios se distribuyen de manera justa y equitativa? Si no es así, ¿qué medidas deberían tomar los Estados, las empresas y otros actores, incluso las ONG y la ciudadanía, para ajustar los desequilibrios allí donde éstos persisten?

Estos imaginarios de sociedades de la información importan porque la tendencia actual se inclina hacia el modelo dominante, que es favorable a los desarrollos de mercado centrados en el intercambio de información, que propicia la escasez de información mediante los derechos de autor, y favorece la velocidad en la innovación y el manejo de la tecnología. Ese modelo se opone a los modelos alternativos que favorecen la ampliación del conjunto de los bienes comunes, para así promover que la información sea abundante y se la comparta, al igual que propician la innovación generadora y horizontal. El desafío político y práctico es lograr un mayor equilibrio entre estos enfoques opuestos.

La competencia entre ambos modelos persistirá y seguirá siendo un desafío para los responsables de la formulación de políticas y para los profesionales del área por dos razones esenciales. Ambas razones se relacionan con dos paradojas claves, presentes en todas las sociedades de la información actuales más allá de su posición en los rankings basados en la disponibilidad de banda ancha, internet y la penetración de telefonía móvil o el acceso a la información.

La primera es la "paradoja de la información": la producción de información es costosa y los derechos de propiedad intelectual crean incentivos para la creatividad, la diversidad y el crecimiento; y la información puede reproducirse de manera virtualmente gratuita y, cuando se distribuye libremente, se crean incentivos para la creatividad, la diversidad y el crecimiento. La segunda es la "paradoja de la complejidad": los beneficios intrínsecos de la complejidad (sobre todo la automatización no transparente del procesamiento de la información) del sistema digital generan una disminución del control que se ejerce a través de los medios de gobernanza tradicionales; y, a la vez, los beneficios intrínsecos de la complejidad del sistema digital permiten aumentar el control y conducen a nuevos modos de gobernanza dentro de un sistema de red descentralizada.

Estas paradojas resultan en fricciones y resistencias entre grupos opuestos cuyos principales intereses caen de uno u otro lado de estas paradojas. Respecto de la paradoja de la información, existen numerosas formas nuevas de legitimar la circulación abierta de la información así que, si bien es probable que las disputas en esta área persistan, podrían volverse menos agudas a medida que los responsables de formular políticas, así como el sector privado, vayan introduciendo nuevas concepciones híbridas que equilibren los intereses de los ambientes abierto y cerrado de la información. En el caso de la segunda paradoja, en cambio, es probable que persista un fuerte defensa del desarrollo comercial y no regulado de las sociedades de la información, porque se percibe como riesgoso intervenir con resultados inciertos en un sistema tecnológico complejo. Esta defensa se verá acompañada por un fuerte activismo a favor de políticas que promuevan la transparencia y la responsabilidad del Estado y las empresas privadas a fin de garantizar el respeto por el derecho humano a la privacidad, así como para responder a las expectativas de seguridad ciudadana.

Más allá de qué imaginario de las sociedades de la información se privilegie, es poco probable que las medidas para solucionar los conflictos de intereses sean eficientes si el foco está puesto en la tecnología, es decir, en los equipos de TIC, el software, las redes y los servicios, en lugar de centrarse en las relaciones humanas que se crean dentro de las sociedades de la información. Las tecnologías no son representantes del conocimiento al que las personas echan mano para que su mundo tenga sentido. No son representantes de "cómo marchan las cosas entre ellas y sus pares". Frente a este tipo de paradojas que llenan de contradicciones y conflictos a las sociedades de la información, la mejor manera de avanzar es considerar las correcciones que es necesario introducir a las políticas interrelacionadas para contrarrestar los monopolios de conocimiento cada vez que aparecen.

Por ejemplo, la afirmación de la existencia de una sociedad universal de la información es uno de esos argumentos monopólicos. Contradecir este "imaginario" implica pensar una mejor manera de fomentar enfoques múltiples dentro y fuera del mercado. Se requieren iniciativas para retrotraer la legislación expansionista de propiedad intelectual, prestando atención a necesidades, recursos y fortalezas específicas de determinados mercados y culturas colaborativas de diferentes países y regiones. También es necesario deliberar sobre límites adecuados para la vigilancia intrusiva en línea y las invasiones a la privacidad, que sean coherentes con los derechos humanos y la libertad de expresión, y reconocer que la complejidad de las redes digitales y las aplicaciones actuales hace que el tipo de vigilancia (estatal y corporativa) que hoy es posible podría volverse un exceso en el futuro, si no se controla en forma eficiente

Es necesario realizar correcciones a las políticas para institucionalizar realmente algunos procedimientos que obliguen a los Estados y las empresas a hacerse responsables, ya sea mediante legislación, políticas o reglamentaciones, y también para responsabilizar a las comunidades en línea que suelen estar dispersas. En la práctica, esto significa que las políticas de las sociedades de la información tienen que cambiar: de la situación actual, donde la mayoría de las intervenciones son verticales y basadas principalmente en la innovación tecnológica, debería pasar a una política más centrada en intervenciones responsables y horizontales, que respondan a las circunstancias locales. Para tomar solo un ejemplo, el entusiasmo por los "grandes datos" y el *crowdsourcing* (tercerización abierta distribuida) se está gestionando con políticas verticales en nombre de la necesidad de adquirir nuevos recursos informáticos científicamente validados y conservados, lo que condice con el imaginario dominante que apunta a mantener, preservar y agregar valor a los datos de la investigación digital a lo largo de su ciclo vital, con el objetivo de acumular conocimiento para la ciencia formal y la innovación tecnológica. En cambio, cada vez hay más ejemplos de "grandes datos" que generan conocimiento útil para actores locales que operan en base a contribuciones voluntarias de grupos distribuidos que, a su vez, usan métodos abiertos para obtener información validada y que pueda aplicarse para solucionar problemas sociales. Esta alternativa se basa en un imaginario que valora las normas informales de intercambio abierto de la información con el objetivo de generar conocimiento útil y aplicable a la solución de problemas sociales.

En conclusión, a la luz de las paradojas de la información y la complejidad de las sociedades actuales de la información, es clave dirimir si el futuro traerá conflictos permanentes y más profundos entre las partes interesadas con intereses encontrados, o si es posible una reconciliación provisoria entre las metas del crecimiento económico a cargo del mercado y el desarrollo abierto en las futuras sociedades de la información. La ilusión de una reconciliación posible descansa en la capacidad de todos los interesados de rechazar la visión hegemónica universal sobre *la* sociedad de la información, y también de resistir a las formas reaccionarias de localismo horizontal que ignoran el contacto más amplio de las relaciones de poder en la sociedad. Las políticas y estrategias de las sociedades de la información del futuro deben contar con medidas que aseguren la responsabilidad y frenen los excesos de la gobernanza (intervenciones verticales y desarrollo liderado exclusivamente por el mercado), y también los excesos de la confianza ingenua en los desarrollos comunales (iniciativas horizontales y desarrollo abierto exclusivamente). Los resultados, que asumirán diversas formas en los varios países y regiones, estarán determinados por el equilibrio que se logre entre los imaginarios, las políticas y las prácticas abiertas, cerradas e híbridas de las sociedades de la información del futuro.

1

INTERNET ABIERTA

Internet en América Latina permanecerá libre, pública y abierta en los próximos diez años

Hernán Galperín¹

Internet no es abierta por naturaleza, sino por diseño. Cuando miran al pasado, sus arquitectos originales a menudo alaban esa creación como una declaración visionaria de libertad de comunicar y compartir información. En realidad, la apertura fue también una respuesta eficaz a varias limitaciones existentes en ese entonces. Las redes existentes corrían en diferentes equipos y utilizaban protocolos de comunicación también diferentes entre sí. Esto requería un diseño enfocado en hacer que la comunicación entre redes fuera independiente de la infraestructura computacional subyacente. Las líneas de larga distancia estaban controladas por los monopolios telefónicos, que protegían las redes contra las intrusiones externas sin piedad (Hush-a-Phone sigue siendo un ejemplo clásico). Por lo tanto, el diseño elegido fue ubicar una red lógica sobre la red telefónica pública conmutada (RTPC). El financiamiento era limitado y el poder de cómputo era costoso, lo que hacía preferible mantener las operaciones principales de red al mínimo (sin requerir autenticación y sin ofrecer calidad de servicio), y delegar las tareas no esenciales a los terminales de los bordes de la red.

---

1 Profesor asociado y director en el Centro para la Tecnología y la Sociedad en la Universidad de San Andrés (Argentina). También es miembro del Comité de Dirección de DIRSI, un consorcio de investigación sobre políticas de TIC para América Latina y el Caribe, e investigador asociado en la Annenberg School for Communication en la Universidad de California del Sur.

Es así que la apertura de internet no solo refleja los valores compartidos por la comunidad epistémica de la cual surgió (fundamentalmente científicos de Estados Unidos y de Europa Occidental). También representa una respuesta eficaz a las limitaciones tecnológicas e industriales que existían en ese momento.

El contexto en el que internet evoluciona actualmente es radicalmente distinto. El poder de cómputo es muy barato. Los mercados de telecomunicaciones son ferozmente competitivos. Además, internet ha salido de la oscuridad académica y se ha vuelto una plataforma omnipresente de comunicación utilizada por miles de millones de personas. No es sorprendente que algunos de sus principios centrales de diseño hayan sido puestos bajo vigilancia, ya que estos implican intercambios que favorecen ciertos resultados comerciales y sociales por sobre otros. A menudo la apertura choca con muchos intereses legítimos de las empresas y los gobiernos, así como con otros no tan legítimos, como las restricciones a la libertad de expresión. Si internet va a permanecer ilesa durante la próxima década sigue siendo una pregunta abierta.

Definiendo la apertura

Que internet pueda ser definida como una red abierta es resultado de tres características fundamentales de su diseño. Primero, debido a que sus protocolos básicos de comunicación están públicamente disponibles y son gratuitos, y porque la red es fácil de ampliar, sus barreras de entrada son extremadamente bajas. En contraste, muchas otras redes son cerradas, en el sentido de que el ingreso a ellas requiere realizar acuerdos comerciales con quien controle la propiedad intelectual de la infraestructura subyacente. Esos son clubes privados, en oposición a la naturaleza de bien público de la internet.

Segundo, la internet está diseñada para albergar terminales y aplicaciones informáticas heterogéneas. Esto resulta de un principio de diseño clave (llamado *end-to-end*), el cual especifica que los protocolos de comunicación deben ser tan simples y generales como sea posible, dejando todas las otras tareas a los nodos terminales, que inicialmente eran computadoras y ahora son una variedad de dispositivos de procesamiento de datos. Para hacerlo simple, los enrutadores de internet (que son esencialmente computadoras dedicadas a repartir el tráfico a través de la red) reparten paquetes de datos (unidades básicas de comunicación en internet) sin tener en cuenta sus contenidos, utilizando algoritmos que maximizan el rendimiento de la red con los recursos que se encuentren disponibles. Nada se promete sobre entregar los paquetes de datos en su destino final en un momento o secuencia específicos. De hecho, no hay garantía de que los paquetes lleguen a ser entregados. Este tercer principio de diseño, llamado el "mejor esfuerzo" de entrega, está en el centro de los debates actuales sobre la neutralidad de la red.

Estos principios hacen que internet sea radicalmente diferente de la red telefónica sobre la que se basaba originalmente para el transporte de datos. De hecho, internet se parece más a una red eléctrica que a una red telefónica. Es una tecnología para propósitos generales que, como la electricidad, "da potencia" a muchas aplicaciones y dispositivos múltiples (como las computadoras personales, tabletas, teléfonos móviles, consolas de videojuegos, televisores ¡y pronto a refrigeradores y tostadoras también!). Desde el punto de vista de la arquitectura de sistemas, funciona como el servicio postal tradicional: el operador de la red hace su "mejor esfuerzo" para entregar cartas anónimas a su destino final, más o menos en base al principio de que el primero en llegar es el primero en ser atendido. Si una carta no llega a tiempo o no llega nunca, es simplemente una cuestión de falta de suerte.

Internet también es abierta en sentidos que no son técnicos. Lo más relevante es que la gobierna una estructura flexible de comités técnicos y organizaciones no gubernamentales, que está esencialmente abierta a la participación de múltiples interesados, desde funcionarios de gobierno a representantes de la industria y usuarios finales. Esta forma de gobierno informal y sin jerarquías ha evolucionado a lo largo de varias décadas, manteniendo la cohesión sobre principios de gobernanza básicos, como por ejemplo el mandato a través del "consenso aproximativo". Es, encialmente, un sistema que favorece la expericia técnica sobre la representación de intereses, fundamentado en la apertura y la meritocracia características de la comunidad académica.

Apertura en juego

La apertura supone compromisos. Una red descentralizada con muy bajas barreras de entrada y sin autenticación integrada es necesariamente menos segura que una red que controla y autoriza la entrada de manera centralizada. La interoperabilidad entre múltiples dispositivos y aplicaciones es necesariamente más complicada en un entorno de red abierto que en uno cerrado, donde el operador de red puede definir claramente las especificaciones del dispositivo final y escoger cuidadosamente las aplicaciones y los contenidos para los usuarios finales. Si todos los paquetes de datos son tratados de la misma manera, es difícil hacer promesas sobre la calidad del servicio para aplicaciones sensibles a la latencia, como las aplicaciones de voz sobre protocolo de internet (VoIP).

La evolución de internet desde una red de investigación que sustentaba un número limitado de aplicaciones asincrónicas, como el correo electrónico y el cómputo remoto (donde los retrasos o pérdidas de los paquetes podían ser tolerados fácilmente), a una plataforma global para el entretenimiento y la comunicación en tiempo real está forzando algunos de sus principios de diseño fundamentales. Solamente el flujo de video, el cual requiere un reparto confiable de paquetes a altas velocidades, es responsable actualmente de cerca de la mitad de todo el tráfico de internet global, el cual se espera crezca a un paso rápido en la próxima década. En comparación, el correo electrónico y los datos web, que fueron las aplicaciones dominantes de internet, hoy son responsables de menos del 20% del tráfico IP global. El perfil de los usuarios de internet también ha cambiado dramáticamente. En sus inicios estaba conformado por un grupo bastante homogéneo de investigadores altamente especializados y entusiastas de la tecnología, quienes raramente pagaban las cuentas asociadas con su prototipo naciente (sus instituciones originarias se ocupaban de eso). Hoy se estima que hay cerca de dos mil cuatrocientos millones de usuarios, tan heterogéneos como pueda imaginarse. Sus patrones de uso son muy distintos; sus habilidades varían desde el analfabetismo funcional hasta la programación de computadoras de alto nivel; y mientras algunos demandan una conexión potente y permanente, otros cuentan con un presupuesto muy reducido para conectarse, y pueden estar dispuestos a sacrificar el control sobre su experiencia en línea a cambio de facilidades de uso, seguridad, o costos de acceso más bajos.

Las terminales e interfaces de usuario también están cambiando rápidamente. Como internet fue diseñada deliberadamente para acomodar múltiples dispositivos de usuarios finales, su crecimiento inicial iba sobre los hombros de la masificación temprana de la computadora de escritorio bajo el reinado de la plataforma de cómputo Wintel (Windows + Intel). Hoy se usa cada vez más internet sobre dispositivos móviles, y América Latina y el resto del mundo en vías de desarrollo están al frente de esta revolución móvil. El auge de la internet móvil está acompañado de grandes cambios en las plataformas de cómputo personales e interfaces de usuario. Los embarques globales de dispositivos de cómputo basados en Windows (PC, tabletas y teléfonos inteligentes) se desplomaron, pasando de más de un 90% en 2007 (el año en que fue lanzado el iPhone) a un 35% en 2011. Los grandes ganadores fueron los sistemas operativos iOS de Apple y Android.

Mientras internet evoluciona, los principios de diseño en su núcleo se han vuelto objeto de contenciosas batallas. Los operadores de servicio quieren la libertad de crear servicios diferenciados, combinar aplicaciones y experimentar con nuevos modelos de negocio que proporcionen una experiencia más amigable al usuario, lo cual puede resultar en acceso más barato, si lograran crear un mercado de dos lados en el que los patrocinantes y proveedores de contenidos paguen para alcanzar a sus suscriptores de banda ancha. Al liberarse de las limitaciones del modelo de servicio postal del reparto mediante el mejor esfuerzo, según afirman, se crearán incentivos a la inversión para llevar redes de fibra a los hogares, y motivar la innovación en una nueva ola de servicios de redes integradas. También se ha afirmado que una gestión más activa del tráfico junto a la inspección de paquetes podría mejorar significativamente la seguridad de la red, reduciendo así el aumento de costos (y molestias) asociadas con el malware y el spam.

De igual manera, los principios básicos de internet, junto a su naturaleza cada vez más global, a menudo presentan retos a los gobiernos cuando se trata de hacer cumplir las legislaciones nacionales para combatir el crimen informático, recaudar impuestos y, en general, tener influencia en la estructura de las comunicaciones y las industrias de la información. Muchos legisladores echan de menos los días en que un puñado de emisoras tenía una influencia significativa sobre la opinión pública. Como ya han aprendido Irán, China y otras naciones que filtran activamente los contenidos de internet, los principios de diseño de internet hacen que sea mucho más difícil controlar la libertad de expresión y la posibilidad de compartir la información. Además, muchos gobiernos desconfían de la actual estructura de gobernanza de internet. Ellos abogan por la creación de una sola organización similar a la ONU, que establezca estándares de internet, que distribuya recursos críticos de la red (como nombres de dominio y números IP), y que fije los términos de interconexión entre las redes. En resumen, el clásico multilateralismo, no el sistema ad hoc de múltiples interesados del presente.

Un sabor latino

Hay muchos factores que distinguen el ecosistema de internet en América Latina de aquel de las regiones más desarrolladas. En primer lugar, el usuario de internet promedio de América Latina es más joven, menos acaudalado, es más probable que acceda a través de un dispositivo móvil, está menos interesado en las leyes de propiedad intelectual (pero más preocupado acerca de la seguridad), y tiene menos experiencia en el uso de otras tecnologías de la información. Esto fija términos distintos para el debate sobre la apertura de internet. Por ejemplo, los usuarios pueden estar más dispuestos a comprometer cierto grado de control sobre su experiencia en línea a cambio de un acceso más económico y más fácil de usar. Las operadoras móviles de varios países ya ofrecen paquetes que integran servicios de voz y acceso a aplicaciones de internet preseleccionadas (como las redes sociales y los servicios de correo electrónico más populares) a bajos costos incrementales. Segundo, a pesar de que hay una vibrante industria de contenido local y de desarrollo de aplicaciones, son los grandes actores internacionales quienes mandan en casi toda categoría del mercado de internet (redes sociales, microblogging, transmisión de streaming de video, portales web, VoIP y demás), con la notable excepción de las noticias, donde las compañías de medios establecidas poseen una ventaja natural. En contraste, las empresas de telecomunicaciones dominantes tienden a ser locales o regionales, y dan empleo a un gran número de personas, lo que típicamente se traduce en autoridad política. El equilibrio de las fuerzas de la industria que ha contribuido a mantener el statu quo de internet en otras regiones parece ser mucho más frágil en América Latina.

Tercero, las democracias latinoamericanas son jóvenes, y algunos principios democráticos básicos relacionados con la libertad de expresión, las libertades civiles y la privacidad son puestos a prueba permanentemente ante los tribunales y en la arena política. En tanto espacio público y abierto para el debate político y el ejercicio de múltiples libertades, internet es a menudo objeto de medidas regulatorias que, incluso cuando tienen buenas intenciones, amenazan algunos de sus principios básicos de apertura. En cambio, a menudo las democracias jóvenes son más capaces de hacer lugar a nuevos problemas y de introducir innovaciones legislativas. La legislación sobre neutralidad de internet establecida en Chile en 2010, la primera de su especie a nivel mundial, es un buen ejemplo.

Mirando hacia el futuro

Los gobiernos y las grandes empresas suelen formar una coalición efectiva para el cambio. Comparten incentivos para transformar el statu quo de internet desafiando su arquitectura abierta y su carácter de espacio público. Sin embargo también hay fuertes fuerzas opositoras. A pesar de que tiene grandes actores, la industria de internet como un todo está altamente fragmentada, y muchos se oponen a cambiar sus principios básicos de diseño, que proporcionan reglas de juego uniformes para los desarrolladores de aplicaciones, los creadores de contenido y los fabricantes de dispositivos, promoviendo así innovaciones disruptivas por parte de los nuevos actores.

Muchos gobiernos muestran recelo a introducir cambios que podrían fortalecer los controles burocráticos sobre la arquitectura de internet, y posiblemente legitimizar la censura. Muchísimas ONG y usuarios individuales han adherido a la causa de la apertura. El equilibrio de hoy parece inestable y aun cambios dramáticos, tales como los propuestos por las diversas partes (y apoyados por varias delegaciones latinoamericanas) en la Conferencia Mundial sobre Telecomunicaciones Internacionales de 2012 han sido retrasados, por ahora. Queda ver si un nuevo equilibrio surgirá en la próxima década y cómo afectará a los principios fundamentales del diseño de internet tal como la conocemos.

¿Internet libre?

Pablo Bello Arellano[1]

Hablar o discutir sobre libertad e internet resulta conceptual-
mente complejo. Eso se debe a que no existe una única "libertad de internet", existen muchas libertades y algunas de ellas
pueden resultar incluso parcialmente contradictorias entre sí.
Todos (o casi todos) estamos de acuerdo con el principio de la
"libertad de internet" (así como con el principio de neutralidad
de la red), pero posiblemente entendemos cosas distintas cuando hablamos de ella. Se trata, por tanto, de una terminología que
genera más confusiones que certezas.

Una de las acepciones de la "libertad de internet" tiene que
ver con la censura, esto es, la restricción que alguna entidad
–usualmente el gobierno– impone a los ciudadanos con el fin
de limitar el acceso de éstos a determinados contenidos y/o servicios en la web.

La libertad de opinión, la libertad de prensa y la libertad para
acceder a informaciones (contenidos) no son principios exclusivos de internet, son principios de la democracia y correspon-
de que sean defendidos en todos los ámbitos. Lo que la historia
enseña claramente es que los gobiernos han sido y son quienes
más frecuentemente limitan el ejercicio pleno y libre de la ciudadanía. Esta práctica política se ha extendido, en los últimos
años, al ámbito de internet.

1 Secretario General de la Asociación Iberoamericana de Centros de Investigación y Empresas de Telecomunicaciones (AHCIET).

El debate sobre el aumento del control de los gobiernos sobre la gobernanza de internet, impulsado principalmente por las dictaduras en diversos rincones del planeta, ha recibido un sorprendente apoyo en algunos países de América Latina. Sin duda, la posibilidad de que los gobiernos limiten el libre acceso de los ciudadanos a la información y el conocimiento constituye una de las amenazas más serias que actualmente enfrenta internet, y que enfrentará también en el futuro. En este sentido, cuando se habla de un modelo multistakeholder de gobernanza de internet es preciso evitar que algunos de esos stakeholders sean "más iguales que otros", esto es, hay que procurar que ninguno tenga la capacidad de limitar o distorsionar lo que demanda la sociedad en su conjunto.

Veamos una segunda acepción: la libertad de los usuarios para elegir los servicios que contrata. En este caso se produce una contradicción interesante. Para algunos la "libertad de internet" supone necesariamente que la conexión sea de un solo tipo: tiene que permitir acceder siempre a todos los servicios, prestaciones y contenidos con la misma calidad técnica, y debe ser una conexión continua y a un único precio, lo que podríamos denominar *full internet*. Desde esta postura se asume que "internet libre" es el derecho de los usuarios a disponer de esa plataforma habilitante, sin considerar el costo ni el uso que se haga de ella.

Pero desde el punto de vista de los usuarios, que tienen intereses diversos (y recursos económicos también diversos), "acceder a internet" puede significar usarlo a su medida y según sus necesidades, como utilizar el correo electrónico o acceder a las redes sociales o descargar un libro en Kindle. Para ellos internet no es esa "red habilitante", sino un conjunto de servicios, restringidos y limitados, que son los que utilizan y demandan. Establecer regulaciones que pretendan imponer qué se entiende por internet a partir de una aproximación maximalista propia de cierto perfil de usuarios (el plato único del *full internet*) es una amenaza a la libertad de internet, porque uniformiza a los usuarios y puede encarecer los servicios, incrementando así las brechas de acceso. Creemos, por el contrario, que un modelo que permita a los usuarios elegir qué servicios contrata, conjuntamente con la posibilidad de optar por la alternativa *full internet*, es consistente con el principio de libertad de internet. Las regulaciones que inhiben la posibilidad de los usuarios para elegir son una amenaza para esa libertad.

Durante mucho tiempo se dijo que el principal problema asociado con la libertad de internet era la red de acceso. Por supuesto este es un factor relevante, aunque su peso relativo es cada vez menor dado el crecimiento del ecosistema digital. Las amenazas reales en ese sentido son ahora muy menores. Hoy por hoy, en América Latina, los riesgos de que un proveedor de acceso bloquee la posibilidad de los usuarios de acceder a ciertos contenidos son muy escasos, y la regulación que se pudiera requerir es más bien liviana.

En Chile, por ejemplo, la legislación incorporó dos criterios importantes. El primero es el de no discriminación arbitraria, es decir, que si un paquete de determinadas características, por ejemplo, un paquete asociado a un servicio en particular, es tratado de una forma A, otro paquete de similares características no debe ser tratado de una forma B distinta de A. El segundo criterio se denomina información al consumidor, esto es, que los usuarios puedan elegir qué quieren consumir y cuánto quieren pagar por el servicio. Con esos dos atributos se puede establecer una regulación relativamente apropiada. A estos dos criterios hay que sumarle uno básico, que es el no bloqueo a ciertas aplicaciones y contenidos.

En esta misma línea cabe tener presente que la demanda por capacidad está creciendo de manera vertiginosa y la única respuesta posible a esa demanda es aumentar la cobertura y capacidad de la redes, lo que requiere una inversión mayor. Entonces, ¿cómo generamos las condiciones para que esa infraestructura esté disponible para todos? ¿Cómo se remunera adecuadamente la infraestructura de telecomunicaciones? Es fundamental construir un ecosistema que sea sostenible y justo (por ejemplo, que los usuarios de bajo consumo no subsidien a los de alto tráfico), pero también debe ser "libre" para incentivar la innovación y para que los usuarios puedan elegir, teniendo en cuenta que internet, sus modelos de negocios y su propia base tecnológica están en acelerada evolución. Las amenazas a la "libertad de internet" que fueron identificadas en un momento dado, pueden no ser tales en el presente o en el futuro.

Veamos otras situaciones de riesgo. Los gobiernos pueden establecer ciertas regulaciones que pueden vulnerar la libertad de internet. Por ejemplo, cuando se discute sobre propiedad intelectual y derechos de autor, y se plantean regulaciones que no respetan ni el debido proceso ni la presunción de inocencia. En ocasiones hemos visto en América Latina modelos de regulación asimétricos y restrictivos, en los cuales se sanciona sin un debido proceso, sin mecanismos adecuados de parte y parte, e incluso por vías administrativas no judiciales. Hay allí una amenaza evidente y significativa para la libertad de internet. Lo dicho no significa que haya que ser tolerantes con la piratería de las descargas ilegales de diversos contenidos, pero sí que es necesario establecer mecanismos institucionales que sean eficientes para proteger los derechos de los creadores y, al mismo tiempo, que aseguren un debido proceso a los eventuales infractores.

Finalmente, aunque seguramente haya otras amenazas, hay que mencionar el creciente peso relativo en el ecosistema digital de los grandes grupos desarrolladores de servicios y dispositivos sobre internet, y los riesgos que ello conlleva. No nos equivoquemos: los Google, Facebook, Apple y Yahoos! son parte indispensable de la oferta de valor del ecosistema digital. Sin embargo, hay un conjunto de elementos que son potencialmente complejos. Por una parte, el auge de los ecosistemas cerrados no interoperables (iOS, Windows OS, Android) limita la libertad para intercambiar programas y documentos, a diferencia de lo que ocurre por defecto en las redes de telecomunicaciones, que operan con protocolos que están estandarizados y que están diseñados para ser interoperables. En el mundo de los contenidos y de los servicios vamos cada vez más hacia modelos no interoperables, donde uno entra a un ecosistema y desde allí es muy difícil compartir hacia otros espacios. Eso limita la libertad de internet, creado justamente sobre la base de la convergencia y el uso de protocolos integradores.

En ese contexto de competencia monopólica de proveedores de servicios sobre la red, que cada vez refuerza su carácter concentrado derivado del efecto red y de las sucesivas adquisiciones que los grandes players van realizando, surge con particular importancia un elemento que también tiene que ver con la libertad, la protección de datos personales.

La economía de los datos personales está en auge. Se ofrece a los usuarios servicios supuestamente "gratuitos", que se rentabilizan a través de publicidad personalizada y comercialización de la identidad digital. Aquí la pregunta es ¿cómo se gestiona adecuadamente la información en la nube? Hay dos problemas asociados a la libertad de internet: el primero, que las economías de red limitan la posibilidad de competir realmente contra los grandes agregadores de información personal; el segundo, que se limita la libertad de movernos en el mundo de internet, ya que la huella digital está siempre presente y la acumulación de información que administran los grandes gestores de "la nube" condiciona la oferta de ciertos servicios y limita la libertad para elegir.

Estas son algunas de las amenazas a la libertad de internet. No son todas. Es seguro que en el futuro surgirán otras. Lo que debemos evitar es ir hacia una internet desagregada, desintegrada, de islas no interoperables, lo que de alguna manera va en contra del propio ethos fundacional de la red. La libertad de los usuarios para elegir, la libertad de los ciudadanos para acceder a la información, la libertad para crear y la libertad para opinar son principios fundamentales cuya existencia no está garantizada. Es deber de todos nosotros defenderla.

Riesgos y desafíos para la libertad de expresión en internet

Eleonora Rabinovich[1]

¿De qué hablamos cuando hablamos de una internet "pública, libre y abierta" desde la perspectiva de los derechos humanos?

Internet representa un espacio de oportunidades para la participación política y social de las personas, y para el ejercicio de muchos derechos fundamentales, como el derecho a la educación, a la libre asociación, a la cultura, a la libertad de expresión, al acceso a la información pública, entre otros. Sin embargo, las promesas que ofrece el uso de las TIC vienen asociadas también a grandes desafíos. Tanto es así que el Consejo de Derechos Humanos de las Naciones Unidas adoptó en 2012 una resolución en la que afirma que los derechos de las personas también deben estar protegidos en internet, en particular la libertad de expresión. La resolución del Consejo, que no agrega demasiado en materia normativa, puede leerse como una advertencia frente a la multiplicidad de decisiones -gubernamentales y corporativas- que ponen en riesgo la plena vigencia de los derechos en el ámbito digital.

En América Latina, las discusiones sobre políticas públicas y regulaciones de internet comenzaron a hacerse más visibles en los últimos años y, con alguna demora, la región se suma a los debates globales. Pero esta demora no es necesariamente negativa: nos permite aprender de las lecciones que dejaron

---

1   Directora del área de Libertad de Expresión de la Asociación por los Derechos Civiles (ADC), Argentina.

cuestiones similares en lugares como Estados Unidos o Europa Occidental. En ese escenario, me interesa señalar algunas áreas donde se vienen poniendo a prueba cotidianamente varios principios relacionados con la libertad de expresión y la protección de otros derechos fundamentales en línea.

En primer lugar, hay que prestar atención a las inequidades en el acceso a internet. Si bien muchos gobiernos vienen haciendo esfuerzos considerables para impulsar distintas políticas de conectividad, con resultados heterogéneos, las brechas en el acceso –que perjudican, por ejemplo, a las poblaciones rurales– impactan en el ejercicio igualitario de los derechos.

La respuesta estatal frente al denominado cibercrimen constituye otra área en la que poner la lupa. Muchos proyectos legislativos que se proponen, aun cuando tienen buenas intenciones, amenazan los principios básicos de apertura de internet y la vigencia de principios fundamentales de derechos humanos, como el de legalidad (al tipificar conductas vagas o ambiguas) o el de proporcionalidad en la respuesta punitiva.

Hay un ejemplo reciente que sirve para ilustrar cómo la persecución indebida de los delitos informáticos puede impactar en las garantías individuales. En Chile, un joven fue investigado penalmente por el delito de "usurpación de nombre". ¿La razón? Lo habían acusado de ser el autor de dos cuentas de Twitter en las que, usando su nombre, se parodiaba a uno de los empresarios más importantes de ese país. La sátira sobre personas públicas y sobre cuestiones de interés público constituye un discurso legítimo, amparado por el derecho a la libertad de expresión, y el joven fue finalmente absuelto. Pero el caso sirve como señal de alerta.

Finalmente, la protección de los derechos de autor en detrimento de otros derechos fundamentales constituye una tendencia que puede afectar seriamente el desarrollo, la apertura y la democracia en el entorno digital en América Latina. Algunas iniciativas legislativas en discusión, especialmente como consecuencia de obligaciones derivadas de tratados de libre comercio, han propuesto medidas de protección de los derechos autorales que comprometen el debido proceso o la libertad de expresión en línea. Esto ocurrió en Colombia con el proyecto de ley Lleras, por ejemplo. Hoy, los resultados de la negociación secreta del Acuerdo Estratégico Transpacífico (TPP) mantienen en vilo a los activistas de la región, ya que podrían resultar en sistemas de supervisión y remoción de contenidos "infractores" a manos de entidades privadas, entre muchos otros aspectos problemáticos. El temor es que estas negociaciones debiliten la posición de leyes más ajustadas a los estándares de derechos humanos como la que rige en Chile, donde sólo una orden judicial puede requerir a los intermediarios que den de baja contenidos.

¿Qué hace falta y qué se puede hacer para garantizar la apertura y la vigencia de la libertad de expresión y otros derechos en internet? Es una pregunta difícil y pretenciosa, claro, lo que no significa que no se puedan ensayar algunas respuestas.

En primer lugar, algo que vale la pena repetir aunque parezca obvio: es necesario que los decisores políticos y los tribunales apliquen los estándares de derechos humanos al diseñar políticas públicas y regulaciones, o al resolver conflictos legales vinculados con internet. En ese sentido, nuestra base normativa común, la Convención Americana sobre Derechos Humanos, ofrece una protección muy generosa para la libertad de expresión, prohíbe la censura previa y fija condiciones muy precisas para delimitar las restricciones permitidas (que deben estar delimitadas por una ley, responder a un propósito legítimo y ser necesarias en una sociedad democrática).

Además, la declaración conjunta de los relatores especiales de libertad de expresión de las Naciones Unidas, la Comisión Interamericana de Derechos Humanos, la Organización para la Seguridad y la Cooperación en Europa y la Comisión Africana de Derechos Humanos incluye pautas precisas a tener en cuenta en el momento de regular internet. Por ejemplo, el documento señala que los proveedores de servicios de internet no deben ser responsables por contenidos generados por terceros, siempre que no intervengan específicamente en dichos contenidos ni se nieguen a cumplir una orden judicial que exija su eliminación cuando estén en condiciones de hacerlo; también agrega que no pueden aplicarse sistemas de notificación y retiro de contenidos entre privados. El documento también incorpora el principio de neutralidad de la red y expresa que el bloqueo de sitios web enteros constituye una medida extrema, que solo podría estar justificada conforme a estándares internacionales, por ejemplo, cuando sea necesaria para proteger a menores del abuso sexual. La declaración de los relatores es un buen punto de partida para generar políticas públicas y regulaciones en sintonía con los derechos humanos.

En segundo lugar, es preciso que los responsables de tomar decisiones acerca de internet –como los jueces o los legisladores– comprendan el impacto, el alcance, e incluso la efectividad de sus disposiciones en función de las características propias de la arquitectura de internet. En otras palabras, hay que entender qué es y cómo opera la red, y evitar soluciones que sean ridículas, imposibles o que, en su desproporción, vulneren derechos fundamentales. Un ejemplo: en Argentina, la orden judicial de bloquear el sitio web Leakymails acarreó, como "daño colateral", el bloqueo transitorio de cientos de sitios completamente ajenos a la cuestión en juego.

Por último, la sociedad civil debería comprometerse aún más con la defensa y promoción de los derechos humanos en internet. En América Latina existe una masa muy importante de activistas y organizaciones de derechos humanos -muchas de larga data y sostenida incidencia en distintos temas- que deben capacitarse para poder involucrarse adecuadamente en los asuntos de regulación y políticas públicas de internet, trabajando en conjunto y generando sinergias con las nuevas organizaciones y activistas que provienen del campo digital.

Si internet permanecerá abierta, libre y pública por los próximos diez años dependerá de cómo se responda a muchos de estos desafíos.

2

NUEVOS MODELOS COLABORATIVOS DE NEGOCIOS

Definir la economía colaborativa para el desarrollo

Fernando Perini[1]

En los países industrializados, donde predominan la informática, internet y otras tecnologías de la comunicación, los niveles de educación son relativamente altos y las sociedades están muy volcadas hacia los productos y servicios basados en el conocimiento, aparecen cada vez más ejemplos de nuevas formas de colaboración como consecuencia de la propagación de las tecnologías digitales. La nueva generación de modelos comerciales –que, en términos generales, se relacionan con el concepto de economía colaborativa– parece indicar que esas formas colaborativas de comercio son de naturaleza estructural y han venido para quedarse.

Al mismo tiempo, se ha producido un rápido aumento de dispositivos de comunicación cada vez más inteligentes (por ejemplo, teléfonos móviles y computadores con acceso al sistema de mensajes, voz, imágenes, etc.), a los cuales acceden muchos individuos que integran comunidades marginadas y de bajos ingresos. Los equipos y los servicios asociados a estas tecnologías ofrecen una valiosa plataforma de colaboración y permiten realizar microtransacciones y microactividades a un costo relativamente bajo, habilitando la colaboración y cooperación entre actores e instituciones en áreas geográficas amplias.

---

[1]   Oficial de Programa Senior en el Centro Internacional de Investigación para el Desarrollo (IDRC).

Sin embargo, la mayoría de las iniciativas que involucran tecnología y comunidades pobres no enfocan el uso de las tecnologías de la información y la comunicación (TIC) como plataformas de colaboración e intercambio. El papel de las TIC en las comunidades de bajos ingresos se ha limitado generalmente a los problemas de acceso y, últimamente, a su condición de mecanismo de acceso a consumidores de lo que se conoce como la base de la pirámide (es decir, las personas con ingresos menores que 2,5 dólares por día),[2] o a la ampliación del suministro de servicios públicos, como la información agrícola a través de telefonía móvil y la educación a distancia, que permiten superar los tradicionales obstáculos logísticos y la geográficos.

No obstante, parecería haberse descuidado el potencial de estas tecnologías en cuanto facilitadoras de nuevas formas de coordinación comunitaria. Las condiciones para el surgimiento de una economía colaborativa digital con repercusiones muy prometedoras sobre el desarrollo parecen estar dadas. Pero es muy poco lo que se sabe sobre la factibilidad de esta "economía", o sobre la manera en que ya estaría funcionando en contextos informales.

¿Qué es la economía colaborativa digital?

El concepto de economía colaborativa digital cuenta aún con una definición muy pobre y el consenso en relación a su significado todavía es escaso. Se ha asociado a proyectos de software de fuente abierta, a las publicaciones de Creative Commons, al intercambio de música entre iguales, a la tercerización masiva (*crowdsourcing*), al uso colectivo de autos y a muchas otras formas de colaboración comunitaria facilitadas por la tecnología. También ha sido tema de diferentes corrientes de pensamiento. Por ejemplo:

---

2   Shah, Anup . 2013. "Poverty Facts and Stats" en *Global Issues* www.globalissues.org/article/26/poverty-facts-and-stats

- Mucha gente asocia la economía colaborativa digital con la idea de un fondo comunal digital.[3] Yochai Benkler acuñó la expresión "producción entre iguales basada en los bienes comunes"[4] para describir la manera en que un gran grupo de individuos trabaja en conjunto y en forma descentralizada, con el fin de crear algo para beneficio exclusivo de la comunidad. El autor se refiere al caso típico de la creación y expansión de productos del trabajo individual que todo el mundo puede usar y modificar, sin pagar nada, y a menudo con la estipulación de que toda modificación se ponga a disposición de los demás. Por ejemplo, los proyectos de fuente abierta y Wikipedia, la enciclopedia gratuita de internet, usando una lógica que desafía los principios económicos tradicionales, generan valor sin la participación de transacciones económicas.

- Larry Lessig, fundador de Creative Commons, mostró que existe una parte de la esfera digital (y de nuestra cultura colectiva) que se expande rápidamente, que no opera dentro de la concepción tradicional de propiedad intelectual y que es parte esencial de las sociedades modernas. Lessig demostró que la colaboración y el remix en las comunidades digitales se van entrelazando progresivamente con los usos comerciales de las tecnologías, lo que da lugar a una nueva generación de modelos comerciales que aprovechan las contribuciones de la comunidad y, a la vez, generan emprendimientos rentables.[5]

---

3 Se define como "recursos de información y conocimiento, de creación y posesión colectiva, o compartidos entre o dentro de una comunidad, y que tienden a no ser pasibles de exclusividad, es decir, que están a disposición (generalmente gratuita) de terceros. Así, se trata de favorecer el uso y la reutilización, más que el intercambio como producto. Además, la comunidad de personas que los construyen pueden intervenir en la gobernanza de los procesos interactivos y de los recursos colaborativos". Online Creation Communities. 2013. *Digital Commons*. www.online-creation.info/digital-commons

4 "Commons-based peer production".

5 Lessig, Lawrence. 2008. *Remix: Making art and commerce thrive in the hybrid economy*. Penguin.

- Rachel Botsman y Roo Rogers explicaron detalladamente el resurgimiento de un estilo de vida que implica el intercambio, trueque y préstamo de bienes y servicios, que ha ido creciendo hasta nuevas alturas como consecuencia de las redes y los mercados en línea, y que se define como "consumo colaborativo".[6]

Sigue habiendo controversia en cuanto a la posibilidad de incluir actividades que implican transacciones económicas o negocios que incluyen un componente de lucro en lo que se denomina economía colaborativa. Pero luego de explorar un gran número de casos hemos observado que muchas iniciativas de ese tipo se basan en un conjunto diferente de valores, que están fuertemente conectados con los valores "comunitarios". Incluso cuando estas iniciativas incluyen transacciones económicas y fines de lucro, la idea de "comunidades" (y los valores asociados) tiende a ser la dimensión unificadora de esa economía colaborativa digital que está emergiendo. Esas iniciativas, cada una basada en diferentes estrategias y procesos de colaboración, son significativamente diferentes tanto de las empresas comerciales tradicionales como de las creadas por intervenciones estatales.

Así, la economía colaborativa digital no es simplemente un desarrollo tecnológico. Se trata de la manifestación cultural de un rasgo humano antiguo y fundamental que da un gran salto gracias las capacidades que ofrecen las nuevas tecnologías. Siempre hemos compartido nuestras herramientas con los vecinos, nos hemos quedado a dormir en casa de amigos o conocidos, hemos reunido dinero para causas comunitarias, hemos dado consejos a desconocidos, o hemos ayudado a alguien que lo necesitaba. Dado que la vida digital se fue entrelazando más y más con la vida física, no es de extrañar que muchas de esas prácticas hayan empezado a emigrar hacia el medio digital. Ahora, la gente usa sitios como Craigslist y Twilbee para encontrar un taladro en su barrio, por ejemplo. Se pueden conectar a

---

6   Botsman, Rachel y Roo Rogers. 2010. *What's Mine is Yours: The Rise of Collaborative Consumption.* Collins Business

Airbnb para conseguir un lugar donde "caer a dormir" cuando no están en casa. Pueden usar plataformas de *crowdfunding* tales como KickStart, o Catarse para financiar proyectos comunitarios. Si necesitan una indicación, o una lección, pueden ver qué hay en YouTube, o en sitios especializados como Skillshare. Se puede ofrecer trabajo voluntario para ayudar a los afectados por los desastres naturales, por ejemplo, mejorar los mapas virtuales de StreetMaps, o traducir mensajes de emergencia en Mission 4636.

Se podría decir que la economía colaborativa digital es la traducción de una dimensión específica de la vida en el espacio digital: nuestra vida como parte de una comunidad. Es el uso de nuevas tecnologías digitales para catalizar prácticas, normas y valores de nuestra vida como miembros de esos constructos sociales. Es evidente que los valores comunitarios son muy diferentes de las formas tradicionales de relación con el mercado. En muchos casos, no esperamos una retribución directa. También difieren de nuestras relaciones con el Estado: no hay obligación, ni regulación que nos obligue a complir con determinadas reglas comunitarias específicas.

Sin embargo, aunque pocos ignoran la importancia de esta dimensión "comunitaria" de la vida, dada su diversidad y complejidad, se tiende a ignorar cuando se reflexiona sobre la economía (al igual que en las teorías que guían nuestras políticas).

¿La economía colaborativa digital es realmente una economía?

Un economía se define generalmente como la riqueza y los recursos de un país, o una región, en términos de producción y consumo de bienes y servicios. Según esta definición, el crecimiento económico tiende a asociarse al incremento de la producción y el consumo de bienes y servicios. La mayoría de las prácticas mencionadas, que se relacionan con nuestra vida como parte de la comunidad, tiende a quedar fuera de la definición y medida tradicionales de la economía. No contribuimos con el PIB cuando compartimos una herramienta con un amigo, ofrecemos tiempo como voluntarios, u organizamos una venta de garage. A medida que algunas de esas prácticas comunitarias ocurren cada vez más en línea (y van en aumento), se podría decir que hasta podrían tener un impacto negativo en la economía según su definición tradicional. Por ejemplo, los editores de enciclopedias se están quedando sin su negocio a causa de Wikipedia, que se basa en contribuciones voluntarias, los alojamientos de Airbnb pueden competir con los hoteles tradicionales, y los productos compartidos también pueden competir con los nuevos.

Sin embargo, medir la economía tradicional solamente en términos de producción y consumo de bienes y servicios implica ignorar el innegable valor social que implican las actividades comunitarias. Tradicionalmente, esta dimensión se deja de lado al pensar en el desarrollo económico, ya que éste solía incluir una serie relativamente escueta de acciones y la mayoría de las actividades que implica se apoyaban en prácticas culturales y normas sociales sin modelo comercial subyacente.

La diferencia hoy es que existe un número creciente de empresas e iniciativas que están construyendo modelos comerciales sustentables para conducir estas iniciativas comunitarias en el medio digital. Somos testigos de un boom de empresas con motivación social que habilitan la colaboración comunitaria. Estas empresas y ONG están experimentando con modelos que adaptan al medio digital muchas de las cosas que normalmente hacemos en la esfera social de nuestra vida. Ya sea intercambiar un libro con un amigo, abrir nuestra casa o hacer una donación para una buena causa, se puede encontrar la manera de aprovechar el uso extendido de las tecnologías digitales para hacer todas estas cosas de una forma más eficiente. Por lo tanto, se podría argumentar que, a diferencia de lo que sucedía en el pasado, la colaboración comunitaria en la esfera digital se debe entender como una economía, incluyendo un abanico de factores relativos a la producción y el consumo colaborativos de bienes y servicios.

Según algunas críticas, hay áreas en las que estas prácticas van más allá de las formas tradicionales de colaboración e invaden formas tradicionales de la organización económica. Hay quienes llegan a decir incluso que la economía colaborativa es un resurgimiento de la ideología socialista.[7] Pero la mayoría concuerda en que tenemos derechos individuales como integrantes de una comunidad y que hay que considerar (y regular) las relaciones dentro de la comunidad de manera radicalmente diferente de nuestras interacciones en el mercado. Sin embargo, esta frontera no se cruza solo en una dirección. La línea que divide las formas tradicionales de la actividad económica y los mecanismos tradicionales de la colaboración comunitaria se vuelve a trazar cada vez que se produce una innovación en los modelos comerciales. Por un lado, las empresas privadas tratan de aprovechar la dinámica de las comunidades y hasta las promueven junto con sus objetivos comerciales. Por otro lado, las comunidades tratan de que su estructura organizacional sea sustentable a fin de ampliar su alcance y multiplicar su impacto.

Muchos casos muestran que encontrar el equilibrio adecuado entre el valor de la colaboración comunitaria y el del negocio económico suele ser muy difícil. Existen diferencias culturales importantes entre la concepción comunitaria y la de mercado. Lograr la combinación perfecta puede depender bastante de cada contexto y se requieren diseños innovadores que equilibren los diferentes imperativos. De todos modos, está claro que hay mucha experimentación debido al valor que puede traer esta convergencia, tanto para las empresas privadas como para las comunidades.

---

7   "Don't believe the hype: Here's what's wrong with the 'sharing economy'" Milo Yiannopoulos 06-06-13 *The Next Web*. www.thenextweb.com/insider/2013/06/06/dont-believe-the-hype-heres-whats-wrong-with-the-sharing-economy

¿Qué significa esto para los pobres?

La rápida expansión de la colaboración digital ha iniciado una revolución en muchas industrias basadas en el conocimiento, como el entretenimiento, la investigación y la cultura. Pero hasta ahora no ha producido el mismo cambio de paradigma en áreas más importantes para los pobres, como la vivienda, la alimentación, la educación, el suministro de agua y los ingresos. ¿Podrán esas nuevas formas comunitarias de producción digital a gran escala representar una "innovación perturbadora" que ayude a más gente a salir de la pobreza?

Es fundamental tener en cuenta que la mayoría de las actividades económicas de las poblaciones de bajos ingresos tiene más que ver con productos y servicios tangibles que con productos y servicios digitales. Así, a pesar de la euforia de algunos en relación al poder de internet para cambiar la vida de las personas, hay cuestiones como los problemas de vivienda, alimentación y de los servicios de salud que la disponibilidad de información en línea sólo resuelve marginalmente. Es difícil conectar el importante valor de la colaboración en el ámbito digital (donde los bienes no digitales no son rivales) con el mundo tangible de las comunidades de bajos ingresos (donde los recursos son limitados por definición).

La larga historia de experiencias desde un marco de reflexión de desarrollo comunitario y de mercado en relación a la eliminación de la pobreza también ha acuñado relatos cautelosos sobre la sustentabilidad de los enfoques colaborativos que apuntan especialmente a las comunidades pobres. Las personas que viven en comunidades de bajos ingresos suelen tener una larga experiencia en el desarrollo de un amplio abanico de organizaciones sociales de "autoayuda" o "solidaridad", que incluye la mayoría de los elementos asociados a la economía colaborativa. Además, la mayoría de las actividades económicas de las comunidades de bajos ingresos son de pequeña (micro) escala. La escala de esas actividades plantea importantes desafíos en cuanto al logro de economías de escala para reducir costos, integrar diferentes componentes en el proceso de producción, tener capacidad de respuesta a las demandas de los mercados mayores, y avanzar más allá de las actividades de subsistencia y los mercados locales de bajos ingresos.

El desarrollo comunitario es, sin duda, una parte importante del desarrollo, pero también es claro que muchos desafíos económicos no se pueden enfrentar solamente mediante la colaboración interna de la comunidad. En esas economías no existe excedente disponible, por definición. Las personas que luchan por sobrevivir tienen motivos obvios para ser reacias a asumir más riesgos en relación a inversiones de largo plazo. Por eso, hay muchas razones para experimentar con modelos híbridos que van más allá de una definición estrecha sobre el desarrollo comunitario.

Por último, el uso generalizado de teléfonos móviles en comunidades de bajos ingresos y la creciente conectividad a internet no significan necesariamente que dichas comunidades tengan una "capacidad latente" de contribuir con la economía colaborativa, o de ser depositario de la confianza necesaria para obtener acceso a los recursos colaborativos. Hay que pensar nuevas formas de mapear los recursos latentes y crear sistemas con buena reputación fuera de los mecanismos financieros tradicionales. Se podrían crear así nuevas posibilidades para expandir el acceso a los recursos comunes que cada vez más, se gestionan digitalmente.

Por ahora sabemos muy poco sobre la naturaleza de esta nueva economía colaborativa y su potencial impacto sobre el desarrollo. Sin embargo, la conexión entre valores comunitarios y nuevos modelos comerciales parece tener un enorme potencial de impacto sobre la calidad de vida de los más pobres del mundo. Por lo tanto, tenemos que empezar a analizar seriamente cómo se podría conducir esa contribución potencial por un camino más sustentable para el desarrollo.

¿Qué incidencia tendrán las nuevas formas de negocio colaborativas en la base de la pirámide?

Geoff Schwarten[1]

La economía colaborativa, que recién está en sus primeros años, surgió en el mundo industrializado como resultado del hiperconsumo, la sobreabundancia, la preocupación por el ambiente, la crisis económica y la pérdida de conexión con las comunidades. Al mismo tiempo, los avances tecnológicos, sobre todo la rápida expansión del acceso a internet, han promovido la aparición de iniciativas colaborativas que aprovechan el potencial de internet para reunir a quienes tienen bienes o talentos con aquéllos que los necesitan.

Por eso, la economía colaborativa es una fuerza en plena expansión –una masa crítica de nuevos emprendimientos que aprovechan el poder de la colaboración por internet para ofrecer productos y servicios de maneras completamente nuevas.

Estos nuevos emprendimientos y empresas están brotando por todas partes en América Latina y lideran una revolución colaborativa, en muchos casos a expensas de modelos de negocio sólidamente arraigados. Los obstáculos que antes parecían infranqueables se van evaporando, y se promueve una economía de producción entre pares desconocida hasta ahora.

Algunos ejemplos ilustran el verdadero tamaño y esfuerzo de la economía colaborativa digital en América Latina y el Caribe (ALC):

---

1   Gerente de negocios de NESsT, responsable de supervisar los trabajos de consultoría de la organización.

- La empresa estadounidense para compartir el uso de autos Zip-Car, que cuenta con 760 mil usuarios y 11 mil vehículos, fue adquirida hace poco por Avis Budget, por 500 millones de dólares. Si bien el modelo de autos compartidos y viajes compartidos no se ha instalado aún en América Latina, hay varios intentos en camino, como Carrot.mx (un ZipCar para México) y Aventones, una plataforma que ofrece compartir viajes en auto en México y Chile. SaferTaxi, una aplicación móvil de Santiago de Chile, reúne alrededor de 700 conductores de taxis con sus potenciales clientes. Estas soluciones serán cada vez más importantes en la medida en que empecemos a buscar respuestas a problemas como la contaminación y el tránsito excesivo, que ya existen en nuestras ciudades sobreurbanizadas.

- A través de AirBnB, un sitio web para alquilar habitaciones disponibles, apartamentos o casas, cuatro millones de viajeros utilizaron 900 mil alojamientos promovidos en el sitio, en 192 países. (Más de 20 mil de esos alojamientos eran en América Central y del Sur).[2]

La economía colaborativa digital y la base de la pirámide

Está claro que los modelos emergentes basados en la colaboración están desplazando al modelo empresarial establecido, cambiando el transporte, democratizando la asignación de capitales y otras cosas más, pero no queda muy claro cómo inciden estos modelos de negocios entre los pobres del mundo. A medida que la gente del mundo industrializado adopta los modelos colaborativos y, dado que la colaboración cambia el modo en que se percibe el consumo, la propiedad, la manera de viajar y tantas otras cosas, ¿qué cambios ocurrirán en la base de la pirámide?

---

2   "Airbnb Celebrates Record Growth With 10 Million Guest Nights Booked" 19-06-12 *Market Wired* www.marketwire.com/press-release/airbnb-celebrates-record-growth-with-10-million-guest-nights-booked-1670787.htm

La base de la pirámide se refiere a un grupo muy diverso de alrededor de cuatro mil millones de personas (más de 70% de la población mundial) que gana menos de cinco dólares por día en términos de poder adquisitivo local.[3] Un grupo significativo de investigaciones indica que la base de la pirámide representa un mercado considerable para las multinacionales y las empresas. Al hablar de la base de la pirámide suele citarse lo que CK Prahalad llama "el castigo a la pobreza" –la idea de que dicho grupo suele pagar un porcentaje mayor de sus ingresos para cubrir sus necesidades básicas de alimentación y crédito. Los pobres viven en general en zonas rurales, donde falta distribución o infraestructura, o carecen de un historial de créditos formales, por lo que suelen ser rechazados cuando solicitan servicios financieros, o "recurren a prestamistas que les cobran intereses exorbitantes".[4]

Algunas iniciativas tratan de superar las dificultades financieras de la base de la pirámide a través del préstamo de dinero entre iguales, por ejemplo el sitio chileno Cumplo, que prestó alrededor de dos millones de dólares a través de 350 inversores[5]. Del mismo modo, se estima que hay 530 plataformas de *crowdfunding* (financiación colectiva) operando en casi 40 países, lo que representa un total de 2.800 millones de dólares dirigidos hacia proyectos y nuevos emprendimientos de financiación colectiva. Catarse, la mayor plataforma de *crowdfunding* de Brasil (ver capítulo 2.4 de este volumen), ha otorgado tres millones de dólares de financiación para proyectos a través de sus 150 mil usuarios.

---

3   Rangan, V. Kasturi, Michael Chu y Djordjija Petkoski. 2011."The Globe: Segmenting the Base of the Pyramid" *Harvard Business Review* www.hbr.org/2011/06/the-globe-segmenting-the-base-of-the-pyramid/ar/1

4   Constance, Paul. 2011. "A plan to attack the 'poverty penalty'" *IDBAmerica* www.iadb.org/idbamerica/index.cfm?thisid=4113

5   Gartner, Inc., una empresa líder en investigación tecnológica, estima que el mercado de préstamo entre pares alcanzará 5 mil millones de dólares en 2013. Ver www.gartner.com/newsroom/id/1272313

Así como otros desarrollos en los mercados emergentes, como el rápido incremento de la tecnología móvil que se saltea la necesidad de infraestructura de teléfono de línea fija, es muy poco probable que estos modelos de negocios y organizaciones emergentes resulten exactamente iguales que los del mundo industrializado. Las necesidades de las comunidades son diferentes, al igual que las comunidades y complejidades del ambiente. Una realidad es que los pobres ya están acostumbrados a compartir y colaborar dentro de su comunidad: el intercambio no es un fenómeno nuevo.

La economía colaborativa digital podría brindarles educación y capacitación laboral a millones de personas, además de generar nuevo capital para los empresarios y ofrecer soluciones de salud y seguridad para las familias. Por otro lado, la economía colaborativa digital también podría provocar un crecimiento de la economía informal y plantear problemas legales y regulatorios, generando así un enfrentamiento entre los nuevos modelos y la industria arraigada.

Con la intención de entender los efectos de la expansión de la economía colaborativa digital en la base de la pirámide, nos preguntamos:

- ¿Qué soluciones colaborativas digitales están surgiendo o podrían surgir para la base de la pirámide?
- ¿Hay alguna posibilidad de que esos modelos tengan un impacto positivo en la base de la pirámide?
- ¿Cuáles son los riesgos inherentes a este tipo de modelos de negocios?
- ¿Cómo es que los múltiples interesados –gobiernos, empresas e instituciones de desarrollo– podrían fomentar el crecimiento de la economía colaborativa digital en la base de la pirámide?

Hay consenso en cierto grado de optimismo y entusiasmo ante el hecho cada vez más inevitable de que los pobres estén en internet. La velocidad de adopción de dispositivos móviles ha dejado atrás a todas las demás tecnologías y hay ahora más de seis mil millones de contratos de telefonía móvil en todo el mundo, 77% de los cuales pertenecen al mundo en desarrollo. Según el Banco Mundial, 90% de la población mundial tenía acceso en 2010 a una señal básica de celular, el ancho de banda de esas redes se duplica cada 18 meses, y a la vez se expande hacia zonas rurales.

Las nuevas soluciones colaborativas que estamos analizando reflejan una evolución en los modelos de negocios y los métodos para involucrar a los pobres. Antes, los expertos consideraban que la base de la pirámide presentaba una "oportunidad comercial" inexplorada para la venta de bienes y servicios; hoy, la economía colaborativa digital le ofrece a la gente la posibilidad de contribuir, crear y vender por su propia cuenta.

Analicemos el ejemplo del sitio de educación colaborativa Educabilia, que funciona en siete países latinoamericanos. Lo que distingue a este sitio no es el hecho de ser una plataforma que sirve para encontrar cursos y aprender un nuevo oficio, como arreglar iPhones y iPads, sino que el sitio permite que cualquiera cree y venda cursos, ya sea de educación a distancia o presenciales. El potencial oculto en la economía colaborativa digital es la liberación de las capacidades, inherentes y subutilizadas de las comunidades pobres y dispersas. Si bien Educabilia no apunta solo a la base de la pirámide, no es difícil imaginar que, en las circunstancias adecuadas, ésta podría sacar provecho de este tipo de ofertas.

Además, la colaboración digital permite crear nuevos fondos comunales digitales –un bien compartido que aprovechan todos los miembros de la comunidad. En Brasil, una organización llamada Rede Jovem se dio cuenta de que las herramientas de mapeo más utilizadas, como Google Maps por ejemplo, no reconocen ni incorporan *favelas*, las villas donde viven los sectores más pobres en muchas ciudades brasileñas. Las *favelas* aparecen en el mapa como zonas grises, como si no existieran. Así que Rede Jovem lanzó WikiMapa que, como indica su nombre, es una herramienta colaborativa de mapeo en la que los usuarios pueden documentar puntos de interés a través de la red, de móviles *low-tech* y de plataformas web móviles (como los *smartphones*). Cualquiera puede acceder, editar e incluir casi cualquier cosa en el mapa (calles, comercios, instituciones públicas, espacios públicos, centros deportivos, ONG, hospitales y templos religiosos) y no sólo en Brasil, sino en el mundo entero. Hasta ahora, gracias a los estudios piloto de seis meses de la aplicación WikiMapa en cinco comunidades de bajos ingresos de Río de Janeiro, la organización ha mapeado 1.283 locaciones a través de 500 "informantes wiki", y demostró que se produjo un aumento palpable en el sentido de identidad y la autoestima de los residentes, así como una nueva opinión sobre su vecindario.

Otro ejemplo que muestra cómo se podrían cubrir las necesidades de los pobres es un negocio de crecimiento vertiginoso llamado MobileWorks. MobileWorks contrata empresas, instituciones educativas y ONG para distribuir tareas que requieren participación humana, como etiquetar imágenes, etiquetar productos de comercio electrónico, testear la usabilidad de una aplicación, entre otras. Estos proyectos, a su vez, se dividen en "microtareas" colaborativas que puede hacer cualquiera que tenga un teléfono móvil y una conexión a internet en cualquier parte del mundo. Según el sitio web de MobileWorks, "los trabajadores provienen de zonas pobres urbanas y pueblos, ciudades y granjas, y de una gran variedad de contextos educativos y profesionales".

Para sintetizar los tres ejemplos anteriores, la economía colaborativa digital permitirá que las personas que están en la base de la pirámide puedan producir o distribuir contenidos digitales, aprovechar los nuevos "bienes comunes" digitales compartidos y, por último, les dará acceso a nuevas oportunidades de trabajo e ingresos.

Algunos lineamientos

Si bien lo anterior muestra que existen amplias razones para el optimismo y el entusiasmo, es posible además plantear una serie de lineamientos para encontrar soluciones digitales colaborativas que respondan a las necesidades de quienes viven en la pobreza en América Latina:

- *Las soluciones deben ser horizontales.* Las soluciones colaborativas digitales para dar respuesta a las necesidades de la base de la pirámide deben ser horizontales, en lugar de imponerse verticalmente. Es muy importante brindar elementos habilitadores, pero las soluciones más exitosas surgirán desde adentro.

- *Las soluciones potenciales deben responder a necesidades críticas.* Las necesidades inmediatas de quienes viven en la pobreza son el alimento, la vivienda y una fuente de ingresos. Para que las soluciones colaborativas digitales tengan impacto y prosperen dentro de esas comunidades es imperativo que respondan a esas necesidades vitales.

- *Tiene que ser móvil.* La situación actual de América Latina es que la penetración de la banda ancha en los hogares es muy baja. Es probable que el portal de ingreso a internet para la mayoría de los pobres del mundo sea la penetración de la telefonía móvil.

- *No aislar sino integrar.* Las soluciones digitales pueden integrar a las personas en la economía formal ofreciendo oportunidades de empleo, inclusión en el sistema financiero y otros aspectos de la economía formal. Si se usan en forma eficiente, las soluciones colaborativas digitales pueden ayudar a los pequeños productores de comercio justo (fair trade) a obtener mejores ingresos e ingresar a nuevos mercados.

- *Apostar a largo plazo.* Por último, es poco probable que los pobres se integren a internet de la noche a la mañana. Se necesitará una mezcla de "todo lo anterior" del sector privado,

las ONG y los gobiernos para que las comunidades marginadas tengan la posibilidad de aprovechar los beneficios de
la conectividad, y que la brecha digital no se agregue a la
marginalización.

Acelerar la economía colaborativa

Albert Cañigueral[1]

El crecimiento exponencial de internet ha ido transformando profundamente nuestra economía, alterando sobre todo la cadena de valores en la industria de los medios y la comunicación. Después de la era de la información (cuando el objetivo era conectar a la gente con los contenidos) y la era social (conectar a las personas entre sí, en línea), estamos ahora ante el amanecer de una tercera era de internet en la que las personas se conectan para compartir objetos y experiencias en línea y para colaborar en el mundo real.

Alboroto y desafíos del consumo colaborativo

El consumo colaborativo (o la economía colaborativa) se volvió una expresión de moda, inevitable a principios de 2013, tanto que fue tema de tapa de las revistas Forbes (en enero) y The Economist (en marzo). Los inversores también están llegando en tropel al espacio colaborativo,[2] y hay muchísimo interés en el tema tanto en España[3] como en América Latina.[4]

1   Conector de OuiShare Barcelona, www.ouishare.net, y fundador del blog ConsumoColaborativo, www.consumocolaborativo.com.

2   "Investing in Collaborative Consumption: Venture Funding in 2012" Stephanie Brincat 28-01-13 *Triple Pundit* www.triplepundit.com/2013/01/investing-collaborative-consumption-venture-funding-2012/

3   "El 'boom' del consumo colaborativo" Carlos Fresneda 12-01-12 *El Mundo* www.elmundo.es/elmundo/2013/01/11/economia/1357918514.html

4   "Collaborative Consumption explodes in Latin America" Albert Cañigueral 28-08-12 *OuiShare* www.ouishare.net/2012/08/collaborative-economy-explosion-latin-america/

Como de costumbre, la atención de los principales medios sirve para captar un público más amplio y plantear preguntas interesantes que se les escaparon a los primeros adeptos y empresarios del consumo colaborativo:

- Nuestra sociedad está preparada sobre todo para la propiedad y la adquisición individual o empresarial. Cuando la propuesta de un nuevo servicio se centra en microempresarios, arrendamiento y propiedad compartida, rápidamente aparecen problemas legales e impositivos. Estamos hablando de innovación social, por lo que la economía colaborativa necesita sus propias leyes.[5]

- ¿La economía colaborativa es sólo para los privilegiados? Hay quienes han descrito el consumo o la economía colaborativa como un "movimiento elitista".[6] Pero muchos de los involucrados no son gente tan acomodada. Suelen ser quienes realizan las tareas de TaskRabbit o manejan los vehículos de Lyft. ¿Cómo podemos crear una nueva economía colaborativa que sea igualmente beneficiosa para todos, sin importar su origen?

- Hay un debate interminable sobre cómo el dinero está arruinando lo que empezó siendo un concepto transformador. "A medida que el consumo colaborativo se vuelve lo normal, el riesgo es que se pierda lo que atrajo a la gente en primer lugar, las experiencias sociales únicas e incluso transformadoras que se vuelven posibles al interactuar con extraños amables".[7] El flujo de dinero hacia este espacio no debería hacernos olvidar la existencia de los bancos de tiempo, las cooperativas, las cooperativas de ahorro y crédito, las mone-

---

5 "In legal no-man's land: the collaborative economy needs its own laws" Albert Cañigueral 07-02-13 *Ouishare* www.ouishare.net/2013/02/in-legal-no-mans-land-the-collaborative-economy-needs-its-own-laws/

6 "Collaborative Consumption is still an elite movement. We need to break that." Markus Barnikel 28-02-13 *Ouishare* www.ouishare.net/2013/02/markus-barnikel-carpooling-mobility-collaborative-consumption/

7 "Collaborative consumption is dead, long live the real sharing economy" Neal Gorenflo 19-03-13 *Pandodaily* www.pandodaily.com/2013/03/19/collaborative-consumption-is-dead-long-live-the-real-sharing-economy/

das alternativas, la economía del don, etc, que existen desde mucho antes que Airbnb. En definitiva, se trata de tener un abanico de opciones para cubrir nuestras necesidades.

Del consumo colaborativo a la economía colaborativa

Soy un optimista. Por eso, a pesar de todos los cambios que han atravesado los proyectos individuales y el movimiento de consumo colaborativo en su conjunto, me resulta fácil identificar una tendencia subyacente mucho más relevante: la adopción generalizada de los valores de la cultura colaborativa.

El consumo colaborativo es, sin duda, la vía de entrada más simple para experimentar la cultura colaborativa fuera de internet. La mayoría de los usuarios empiezan a probar el consumo colaborativo por razones económicas muy prácticas: ahorrar o ganar dinero.[8]

El hecho es que cualquier servicio o herramienta que se use tiene una serie de valores incorporados. Hasta cierto punto, se puede decir que los servicios de consumo colaborativo son un caballo de Troya que ayuda a instalar los valores de la cultura colaborativa entre sus usuarios.

Los valores de la colaboración no se pueden limitar al sector del consumo e innumerables alternativas colaborativas, *peer-to-peer* y abiertas están reinventando el modo de producir y hacer uso de los productos, recursos y servicios, aprovechando el poder de las comunidades:

- Los hacedores traen consigo una nueva revolución industrial, al mando de la fabricación digital de herramientas tales como las impresoras 3D, establecimientos como los FabLabs, diseño de hardware de fuente abierta y comunidades de "hágalo usted mismo".

---

8   "Study Finds Sharers Want Value with Meaning" Kelly McCartney 02-09-12 *Shareable* www.shareable.net/blog/study-finds-sharers-want-value-with-meaning

- Las financiaciones entre pares alimentan el sistema a través del *crowdfunding*, los préstamos entre pares y la propuesta de alternativas para el intercambio de valores en monedas y economías del don.

- El conocimiento abierto está abriendo instituciones tales como gobiernos, la ciencia, la educación y la cultura, además de recargar de energía el desarrollo en general de todas estas iniciativas, y todo ello de formas que las alternativas cerradas ni siquiera pueden imaginar.

Todavía se sabe poco sobre el impacto potencial de estos nuevos modelos y hay una vaga visión sobre el cambio que traerán a la sociedad y la economía: menos intermediarios, menos constricciones, relaciones directas –es decir, de persona a persona–, lo que inevitablemente lleva a la humanización de los intercambios, detrás de las relaciones puramente comerciales.

Mucha gente, entre quienes me incluyo, cree que por razones demográficas e históricas, América Latina se encuentra especialmente bien posicionada para abrazar la nueva cultura colaborativa y obtener beneficios de ella.

Les presento a la comunidad de OuiShare

OuiShare es una comunidad abierta y global de apasionados (empresarios, hacedores, investigadores, funcionarios públicos, ciudadanos y muchas otras personas) que trabajan para acelerar el cambio hacia una economía más colaborativa.

- *Fuera de línea:* probablemente el valor más importante para la comunidad de OuiShare es "conoce gente en la vida real". Con el fin de fomentar la colaboración y el desarrollo de nuevas ideas, OuiShare conecta núcleos locales organizando eventos tales como encuentros, conferencias y talleres de creatividad en todo el mundo. Desde enero de 2012 hasta abril de 2013, se han organizado más de 40 eventos, más de la mitad de ellos en ciudades europeas. OuiShare adquirió fuerza global gracias a eventos en Buenos Aires, Río de Janeiro y San Francisco, y el primer OuiShareFest de la historia, en París en 2013, que reunió a más de 500 profesionales.

- *En línea:* OuiShare brinda a los integrantes de la comunidad un espacio para conversar en línea y los invita a compartir ideas e inspiraciones en OuiShare.net, la revista colaborativa en línea de la comunidad. Lanzada en julio de 2012, la revista cuenta ahora con más de 120 artículos de más de 70 autores, publicados en francés, inglés y español, todos bajo licencias Creative Commons.

El propio OuiShare es hijo de la cultura colaborativa y fue construido en base a valores como apertura, transparencia, acción, impacto y beta permanente, entre otros.

La única manera de lograr una actividad distributiva tan masiva es trabajar en base a la confianza entre pares y la *stigmergy*[9] como modelo organizacional. Como dice Francesca Pick, conectora de OuiShare Munich y coeditora de OuiShare.net, en una entrevista colectiva reciente "muchos miembros de la red son responsables de un área o proyecto específicos, como la revista en línea, una comunidad local, o eventos internacionales. Pero no tenemos jefes. Si bien esto puede ser difícil a veces, creemos que los beneficios de una estructura organizacional de este tipo son más que las desventajas, porque alienta a las personas a participar en la organización y desarrollar sus ideas dentro de la comunidad. Cuando se ponen las cosas en manos de la comunidad, florecen y crecen orgánicamente".[10]

---

9   Marsh, Heather. 2012. "Stigmergy". *GeorgieBC`s blog* www.georgiebc.wordpress.com

10   "OuiShare: Facilitating the Shift to a Collaborative Economy" Cat Johnson 25-02-13 *Shareable* www.shareable.net/blog/ouishare-facilitating-the-shift-to-a-collaborative-economy

Acelerar el cambio a una economía colaborativa

Creemos que trasladar a la economía colaborativa desde los bordes hacia el centro del escenario servirá para difundir los valores asociados que tienen el potencial de desafiar y mejorar la sociedad en su conjunto. Este cambio hacia una economía colaborativa implica desafíos que no será fácil superar:

- La economía colaborativa requiere una mejor exposición y educación, que podría acelerar la adopción de nuevas prácticas de uso, alentar a los encargados de la formulación de políticas a apoyar modelos sustentables y conducir a los profesionales preparados e informados a reinventar los modelos de negocios.

- Los proyectos que realmente están colaborando entre sí son muy escasos. Son pocos los que se conocen entre sí y muchos todavía están atascados en la mentalidad competitiva.

- El conocimiento abierto y toda la experiencia previa serán reutilizados por quienes están descubriendo ahora los valores de la economía colaborativa, que a su vez enriquecen el fondo comunal global contribuyendo con sus propias experiencias.

Catarse y *crowdfunding* en Brasil

Rodrigo Maia[1]

Catarse nació en Brasil hace alrededor de dos años. Vino al mundo a reflejar los deseos de un pequeño grupo de personas que querían compartir en línea sus conocimientos acerca de lo que en ese momento era una palabra rara y extranjera: *crowdfunding*. Todo era tan novedoso, tan fascinante, y además parecía la solución perfecta para el tipo de agonía en la que se encontraba el sector cultural. Explicaré esto más adelante.

Brasil tiene un sistema nacional de apoyo financiero para proyectos culturales que habilita a las personas individuales y las empresas a apoyar financieramente proyectos culturales a cambio de una exención tributaria sobre los ingresos proporcional al incentivo. El 23 de diciembre de 1991 se aprobó la *Lei Federal de Incentivo à Cultura*. Cuando se dio a conocer públicamente, la primera impresión fue que el concepto funcionaría perfectamente bien. Mirando ahora retrospectivamente y haciendo un análisis superficial, casi se podría decir que la ley se basaba en principios muy similares a los del financiamiento colectivo (*crowdfunding*). En nuestro país hay impuestos para todo, y todo el mundo paga sus impuestos. Si las personas hubieran aprendido a operar con la mecánica propuesta por la regulación, y si el gobierno hubiera facilitado la comprensión de dicha regulación, tal vez la historia de la crítica de la *Lei Federal de Incentivo à Cultura* habría sido diferente. Pero en cambio, el mecanismo aplicado por la ley resultó eficiente para ser utilizado con otros fines.

---

1   Socio de Catarse, primera plataforma de financiamiento colectivo en Brasil (www.catarse.me)

Las empresas, sobre todo las grandes, se dieron cuenta rápidamente de que la mejor opción sería apoyar a los productos culturales bien establecidos, a cargo de actores culturales que ya fueran conocidos en el país, lo que convirtió a la ley en un buen mecanismo de costo-beneficio en términos de márketing. Aplicando recursos a una "inversión" cultural más "segura", se podía asociar la imagen de una empresa a un proyecto reconocido y beneficiarse del valor de márketing que ello genera. La ausencia de leyes complementarias que garantizaran una mejor distribución y direccionamiento de recursos, junto con una mentalidad ligeramente conservadora en cuanto al tipo de proyectos que debían recibir apoyo, llevó a la instalación de un proceso en el que se estandarizó el modo en que una empresa debía dirigir sus recursos, lo que implícitamente definió el tipo de productos culturales que esos recursos debían apoyar. Las empresas se convirtieron en "porteras" de la cultura brasileña. Se puede suponer que las consecuencias de esta conducta llevan a desatender los "proyectos riesgosos", o "los perturbadores", a fin de evitar que la imagen de la empresa quedara vinculada a una iniciativa potencialmente controvertida, experimental, o simplemente poco conocida. Lo que sucedió a continuación era muy previsible, ya que ese tipo de conducta mata algunos de los aspectos más valiosos por procesos de repetición y debates –la diversidad de opiniones y la variedad de los trabajos producidos–, además de excluir algunos puntos de vista, generalmente los de las minorías, o los que representan asuntos delicados.

Las explicaciones anteriores constituyen un retrato breve y sintético de cómo se comportan algunos nichos del sector cultural en relación a la legislación de incentivo cultural de Brasil. Y dicho todo lo anterior, no es difícil entender por qué el *crowdfunding* pareció la solución perfecta. Así que, en 2011, entramos en escena. Queríamos –y queremos– perturbar la dinámica operativa del sistema de incentivo financiero para proyectos de Brasil. Estamos convencidos de que la población de Brasil tiene tanto más para ofrecer en términos de producción cultural, artística, empresarial y científica. De hecho, creemos profundamente que América Latina, en su totalidad, está siendo muy subestimada y tiene una enorme capacidad no explorada. No queremos negar ni rechazar sistemas anteriores, en absoluto, pero realmente queremos encontrar caminos comunes y encontrar un sistema menos burocrático, además de desarrollar un acuerdo sobre cómo se podrían hacer las cosas para enriquecer el proceso de repeticiones y encontrar una solución mejor para todas las personas involucradas. Una solución con espacio para todo el mundo, dividida en múltiples estratos, donde en lugar de las masas, sean más importantes y relevantes las comunidades, los nichos y las posturas más locales. Una solución donde se pueda decir que tanto los recién llegados como los agentes más instalados pueden tener oportunidades adaptadas a sus condiciones y contextos respectivos. No sabemos si es posible, pero estamos trabajando duro para contribuir a lograrlo.

Y, para cambiar las cosas a las que estamos acostumbrados, tal vez deberíamos hacerlas de manera diferente. Por eso Catarse opera ligeramente diferente en comparación con otras compañías.

Primero, creamos un foro para entender, tener idea de cuál era la percepción del financiamiento colectivo *crowdfunding*, el *crowdsourcing* y otras actividades masivas que tenían el público en general y los entusiastas. El foro en línea generó todos los encuentros que hicieron posible a Catarse. Al principio, ninguno de los socios se conocían realmente entre sí. Se trataba solo de una idea a la espera de que se rompiera el cascarón, y que tenía incluso diferentes nombres. Pero pronto, los tres fundadores de Catarse, Daniel Weinmann, Diego Reeberg y Luis Otávio Ribeiro unieron fuerzas, con la ayuda del foro, con un grupo voluntario, formado por mí y mi hermano, Thiago Maia. Paralelamente, estábamos trabajando en otra plataforma (Multidão, una de las posibles traducciones de *crowd* –multitud– al portugués). Fusionamos Catarse y Multidão, y el resultado es lo que hoy se conoce como Catarse.

Somos la plataforma líder de Brasil en financiamiento colectivo. No tenemos el mayor alcance de América Latina, pero sí movilizamos la suma más grande en comparación con todas las demás plataformas de la región. Existen algunos aspectos claves que consideramos pilares, y que nos han conducido a la situación actual. Primero, hemos salido adelante sin ayuda de nadie. Esta fue una medida para garantizar nuestra independencia, para tener la libertad de manejar Catarse a nuestro antojo. Vendimos nuestros automóviles, pusimos dinero de nuestros bolsillos y de nuestras cajas de ahorro y, por supuesto, invertimos nuestra propia fuerza de trabajo sin estar seguros de que nuestra inversión fuera a tener retorno. No existía una manera sólida de predecir cuánto tiempo le llevaría a Catarse conseguir adeptos. Pero no importaba. Nos gobernaba la pasión y queríamos intentarlo, con o sin certezas acerca del retorno de la inversión. Si nuestra intuición era correcta, Catarse quedaría en la cresta de una ola que inevitablemente llegaría a Brasil en algún momento. Así que tomamos la decisión más importante de todas: confiamos en las personas y elegimos seguir en busca de la cultura abierta.

Nos basamos en una premisa muy simple: si llegábamos a formar una comunidad sólida, que realmente confiara en nosotros, estaríamos en el camino correcto. Si realmente queríamos que nos tuvieran confianza, teníamos que empezar por confiar nosotros. Hoy, ese valor se puede ver en todas las operaciones de Catarse.

- Nuestro código es de fuente abierta, con licencia de MIT. Muchas plataformas se basan en el código de Catarse. Algunos ejemplos son Impulso (una plataforma concebida como nicho de *crowdfunding* para la base de la pirámide); Medstartr (proyectos de salud y aptitud física), Urban Kit y Neighbor.ly (*crowdurbanism*, financiación colectiva de proyectos municipales), We The Trees (ambiente, educación y cambio social), Nós.vc (*crowdlearning*, aprendizaje colectivo distribuido)

- Nuestro mapa de ruta y el progreso de nuestro trabajo están a disposición pública. Cualquiera puede fijarse en lo que estamos haciendo. Hay dos rastreadores esenciales a disposición: Catarse Application (para seguir el progreso y estatuto de nuestro desarrollo)[2] y Catarse (para seguir nuestras tareas operativas diarias).

- Realmente creemos que construir relaciones es mejor que tratar a las personas solamente como consumidores. No se pueden reducir a la mera función del consumo. Brindan un *feedback* valioso, hacen críticas, hasta pueden volverse amigos. Con nuestro negocio principal, todas las personas son potenciales dueños del proyecto, una persona que puede pasar de ser un mero adepto a ser un proponente. Es por eso que tratamos de expandir nuestro universo de acciones al mundo real (es decir, fuera de línea) y también por ello vamos avanzando hacia una cultura de trabajo colaborativo, dado que nuestra base está en la localidad Estufa, en el estado de San Pablo, y planeamos mudarnos de nuestra oficina en Río de Janeiro a otra más grande, junto con Materia Brasil y sus aliados, que son los grupos que pilotean este movimiento.

- Trabajamos a distancia en todo Brasil. Tenemos gente en Río de Janeiro, San Pablo, Porto Alegre y Belo Horizonte. Todos son claves para correr la voz e iniciar estrategias de boca a boca a fin de adquirir proyectos para la plataforma.

- Tratamos de dirigir a nuestra gente en base a principios de autonomía, liderazgo y satisfacción. Si quieres hacer algo, estar de acuerdo o en desacuerdo con algo, eres bienvenido. Pero tienes que estar preparado para el debate. No está permitido comportarse autoritariamente. Cuanto más se debate y más colaborativa sea una decisión, mejor. Y esto no significa que todo el mundo participa en todos los procesos que haya en marcha. Los seres humanos tienden a organizarse en torno de intereses comunes y sólo afinamos la sintonía para mejorar la dinámica del equipo.

---

2   www.pivotaltracker.com/projects/427075

- En cuanto a la gestión, sí, somos emocionales y nos agrada ponderar números y eficiencia con emociones, afectos y corazón. El *feedback* constante es nuestra regla de oro.

- Formamos parte de un ámbito mayor de iniciativas que natural y orgánicamente se han reunido en los últimos dos años. Engage, Imagina na Copa, Shoot the Shit, Simplicidades, Estaleiro Liberdade, Comum y tantas otras... Compartimos experiencias y conocimientos todo el tiempo.

- De alguna forma, queremos seguir siendo pequeños y delgados –ágiles– y confiar lo más posible en la red, y empoderar a las personas para que ocupen alguna brecha eventual que sea notoria dentro del ecosistema que estamos ayudando a crear.

En nuestra opinión, Catarse es un producto derivado de algo que está sucediendo en el mundo. Un tipo de cambio sistémico de mentalidad, que se manifiesta a través de acciones e iniciativas locales y contamina a otros debido al mundo extremadamente conectado en el que estamos viviendo. Tal vez seamos pocos si se tiene en cuenta un espectro más amplio. Pero todas esas conexiones que se forman entre una gran variedad de nodos, finalmente, y quizá en forma inconciente, provocarán un trastorno más generalizado. Quién sabe. Seguimos andando sin conocer los detalles de nuestro destino. Por eso es importante compartir y estimular actitudes de colaboración, además de administraciones transparentes.

A pesar de que Brasil es un país enorme con un territorio inmenso, tratamos de empoderar a las personas para que puedan tratar con la problemática local. Una de las maneras en que lo hacemos es a través del *crowdfunding*. Y lo importante es que nos sentimos francamente conectados con muchos pequeños grupos, cada uno de os cuales se ocupa de asuntos locales usando nuestra herramienta o mediante nuestros mecanismos. Se ve, o quizá solo se siente, que está aumentando la conciencia de la sociedad civil de Brasil, y del mundo entero. En lugar de confiar en que el gobierno es el encargado de encontrar soluciones, estamos empoderándonos con esta misión. Respondemos a las brechas del gobierno creando servicios, nuevas dinámicas y proponiendo nuevas visiones de cómo se podrían hacer las cosas. Al final, los gobiernos tendrán que elegir. Probablemente, tendrán que hacer algo similar a lo que hicimos nosotros. Tendrán que confiar en nosotros y actuar como seguidores, afirmar nuestra capacidad para experimentar, intentar, incluso fracasar y aprender del proceso. Crear más obstáculos burocráticos, o tratar de hacer las cosas como antes no servirá de nada. Tenemos que adaptarnos y, para ello, tenemos que confiar. Realmente esperamos que los gobiernos confíen en nosotros. Y ese "nosotros" significa la sociedad civil.

3

CIUDADANÍA DIGITAL

Participación ciudadana en la era de la sociedad de la información

Valeria Betancourt[1]

Es indudable que el acceso y el uso de internet y otras tecnologías de la información y la comunicación (TIC) han promovido el intercambio de información y han conducido a nuevos paradigmas de cooperación, colaboración e intercambio. Nadie cuestiona que la incorporación de internet y otras TIC en la gestión pública en el marco de estrategias de gobierno electrónico ha resultado en mejoras en la provisión de bienes y servicios públicos, así como en el incremento de la calidad y eficiencia de los procesos administrativos. Sin embargo, cabe preguntarse si ese tipo de fenómenos han contribuido a cambiar y mejorar las formas de participación ciudadana en América Latina y el Caribe (ALC).

La participación ciudadana en línea puede ser abordada desde distintas perspectivas que se interrelacionan, como la relación entre el gobierno y los ciudadanos, el ciberactivismo y la interacción social en línea como fenómeno cultural, entre otras. Los enfoques son múltiples, y diversos autores y analistas han dado cuenta de la temática a partir de diversos presupuestos. A continuación, se presentan unos brevísimos apuntes sobre dos de los aspectos más importantes relacionados con la participación

---

1   Coordinadora del Programa de Políticas de Información para América Latina (CIPP) de la Asociación para el Progreso de las Comunicaciones (APC), y consultora para el proyecto 25 años de la Sociedad de la Información en América Latina y el Caribe.

ciudadana en la era de la información: la relación entre gobierno y ciudadanos y el ciberactivismo.

La relación entre gobierno y ciudadanos

Redefinir y ampliar la democracia en los países de la región, particularmente las formas de participación ciudadana en los procesos de toma de decisiones sobre asuntos de interés público y en la recuperación de la esfera pública, ha sido una de las prédicas más importantes de la incorporación de TIC en la gestión pública. La interrogante que prevalece, no obstante, es si la configuración del poder en las democracias latinoamericanas y caribeñas se ha modificado sustancialmente con la evolución de la agenda de TIC para el desarrollo y con el avance de las políticas de TIC en la última década. Varios expertos sostienen que la participación en línea es un reflejo de la participación democrática en el entorno fuera de línea, y que es preciso asegurar mecanismos de participación e inclusión a ese nivel en primera instancia si se espera que las TIC contribuyan al ejercicio democrático. Otros plantean entusiastamente que el acceso a las TIC y su uso abren un nuevo abanico de posibilidades participativas que, incluso en contextos con déficit democrático, facilitan la visibilización de las expresiones que han sido deliberadamente silenciadas o soslayadas por los discursos y poderes dominantes, y la emergencia de nuevas prácticas de articulación y activismo social, político y cultural.

No hay una sola respuesta, más aún cuando analistas políticos de la región, adscritos a distintas tendencias ideológicas, afirman que en América Latina se vive actualmente la construcción de nuevos modelos de dominación cuyo rasgo común (si bien no inédito) es la injerencia del aparato público basada en la reinstitucionalización del Estado. Una de las característica más notables de esta situación es la captación, neutralización o eliminación de las formas autónomas de resistencia y organización social y política. Queda mucho por debatir si más allá de algunos casos (que pueden resultar aislados o coyunturales, como es el caso de procesos de consultas públicas en línea), las herramientas de participación basadas en TIC pueden sentar las bases para un nuevo tipo de relación entre gobiernos y ciudadanos que supere los modelos hegemónicos de la democracia representativa.

La reciente revolución social en los territorios árabes plantea nuevos referentes ya que tuvo un componente importante de organización, comunicación y sensibilización a través de redes sociales y otras herramientas digitales. Se podría pensar que la adopción masiva e innovadora de prácticas participativas apoyadas en internet y otras TIC puede constituirse en el germen de nuevas correlaciones de fuerzas sociales, de nuevas prácticas de interrelacionamiento de los actores y de nuevas configuraciones de poder.

En todo caso, conviene no perder de vista que la participación en línea (heterogénea en sí misma) no está desvinculada de las prácticas y contextos fuera de línea, y va de la mano de estrategias de acceso a la información, de transparencia y de rendición de cuentas. Conviene, además, seguir apostando al potencial transformador de las TIC en la perspectiva de construir procesos equitativos e inclusivos de toma de decisiones. Queda por ver si las iniciativas de gobierno abierto que están surgiendo en la región apuntan en esa línea.

El ciberactivismo

El activismo social, político y cultural tiene una historia vasta y rica en ALC. En la región, las luchas de resistencia y contestación al poder han estado pobladas por una variedad de fuerzas progresistas, entre las que se cuentan los movimientos sociales y de grupos populares, campesinos, comunitarios, urbano-marginales, estudiantiles, obreros, culturales, artísticos, feministas e indígenas. Estos movimientos, de manera colectiva, han propugnado por transformaciones en las esferas políticas, económicas, sociales y culturales de las sociedades a partir de propuestas y proyectos políticos propios. A principios de los 80, algunas organizaciones de la sociedad civil empezaron a apoyarse en el uso y potencial de las TIC para crear y fortalecer sus redes y mejorar su comunicación. Sin embargo, no es claro si dichos movimientos y grupos han adoptado el uso de las TIC para consolidar sus proyectos de acción transformadora.

Adicionalmente, el carácter colectivo de esas acciones promovidas por décadas por los actores sociales de la región dejó de ser el rasgo más destacable. Con el incremento de la penetración del uso de internet y otras TIC, como la telefonía celular, se ha inaugurado también la posibilidad de que los individuos se sumen espontáneamente alrededor de la promoción y defensa de una causa o con un fin específico. La región no escapa a ello. Hay innumerables ejemplos de acción social y política masiva en ALC que han tenido resultados efectivos y logrado cambios importantes. Sin embargo, el ejercicio impugnador, al parecer, no logra sostenerse en el tiempo ni producir cambios estructurales (en términos simbólicos y materiales) sustantivos que desestabilicen el statu quo.

En 'Ciberactivismo: ¿Utopía o posibilidad de resistencia y transformación en la era de la sociedad desinformada de la información?' encontramos una cita valiosa: "Sobre la base de las estructuras, mecanismos y dispositivos de poder, en los usos, las recepciones, las apropiaciones del internet y otras TIC, se configuran posibilidades significativas y existenciales alternativas, que si bien no han avanzado aún a formas de emancipación, sí han producido acciones contra-hegemónicas. En ese sentido, puede no ser aventurado señalar que el acceso universal a internet contribuye no solo a la producción de imaginarios y representaciones alternativas sobre la realidad sino también a la generación de nuevas formas organizativas de lucha político-social".[2] No obstante, no basta con proyectar discursivamente

---

2   Betancourt, Valeria. 2011."Ciberactivismo: ¿Utopía o posibilidad de resistencia y transformación en la era de la sociedad desinformada de la información?" *APC* www.apc.org/es/pubs/contribs/ciberactivismo-utopia-o-posibilidad-de-resistencia

otras realidades ni con argumentar sobre la base de los sentidos políticos del ciberactivismo.

Es necesario encontrar las maneras de poner al ciberactivismo en función de transformaciones estructurales profundas y sostenibles política, económica, social y culturalmente, para que se concreten en condiciones materiales y simbólicas más justas y equitativas en las esferas nacionales y que vayan más allá de la globalización de las luchas sociales. Experiencias como El quinto poder, No le temas al internet, Dominemos la tecnología, Marco Civil de Internet de Brasil, entre otras, pueden arrojar algunas luces al respecto.

¿Cómo podemos afrontar la promesa de la democracia abierta, directa y en tiempo real frente a las demandas contemporáneas por inclusión digital ciudadana en América Latina y el Caribe?

Sandro Jiménez Ocampo[1]

Cuando se revisan los datos de expansión de las tecnologías de información y comunicación (TIC) en los países en desarrollo, un aspecto resalta como un reto significativo: se constata el crecimiento vertiginoso del acceso a internet y, a pesar de ello, la distancia con los países desarrollados sigue siendo importante. En estos últimos, el porcentaje de hogares que tienen acceso a internet es superior al 70%, mientras que en los hogares de los países en vías de desarrollo apenas si alcanza el 30%.[2]

La llamada "brecha digital" ha pasado de ser un asunto exclusivo de medios y recursos para expandir el uso de la tecnología a convertirse en un problema de gobernanza. Esto se presenta como determinante de la configuración de prácticas sociales y políticas que favorecen o restringen las posibilidades de acceso e incorporación social de las TIC en las relaciones entre gobernantes y gobernados. De esta forma, la pregunta por la sostenibilidad y la profundidad en las democracias latinoamericanas ya no está asociada al problema del uso de la tecnología por parte

---

1   Emprendedor y fundador de la plataforma Kolaboraccion.Net, PhD en Estudios Políticos y Magister en Desarrollo Social. Asesor académico del Colegio de las Américas en gobierno abierto y ciudadanía digital.

2   International Telecommunications Union – I.T.U., Informe 2012

del gobierno, sino a la incorporación de las mediaciones tecnológicas a la cuestión de la inclusión digital ciudadana.

El rápido avance de las TIC convierte la brecha digital en una línea divisoria móvil que crea desigualdades entre las personas, los grupos, los territorios y las instituciones. Al contrario que las demás brechas de geopolítica contemporánea, como la de pobreza, la de salubridad y la de desarrollo, la brecha digital no responde a patrones constantes y estáticos sino que experimenta rápidas mutaciones de la mano de las transformaciones tecnológicas,[3] por lo que en el futuro puede profundizarse o afectar nuevos colectivos no involucrados previamente.[4]

Las mutaciones, progresos, avances o simplemente los cambios en las interfaces de las tecnologías digitales generan un tipo de brecha que no sólo afecta a poblaciones consideradas típicamente vulnerables. En los últimos años hemos experimentado tan vertiginosos cambios que quienes habían logrado adaptarse a la incorporación de los aparatos computacionales a su vida cotidiana, hoy no necesariamente están entre los usuarios más avanzados o exitosos del giro hacia lo móvil, lo abierto y lo distribuido.

El reto más significativo de este escenario es el creciente fenómeno, presente en la mayoría de las democracias actuales, de la desafección política, por la cual una proporción significativa de la ciudadanía desconfía de sus representantes políticos o en general no se siente bien representada.[5] Si sumamos esto al panorama descrito antes, no es extraño que el giro más reciente hacia prácticas políticas postliberales, caracterizadas por la pérdida de centralidad de las entidades políticas tradicionales,

---

3   Gil, Bernadi. 2005. "Derecho Público y Administración Electrónica: una visión panorámica, nuevas políticas públicas". *Anuario multidisciplinar para la modernización de las Administraciones Públicas*. Sevilla, Instituto Andaluz de Administración Pública.

4   Duran, Francisco Javier. 2009. "Retos y Oportunidades de la administración y gobierno electrónicos" *Revista Instituto de Estudios en Educación No. 10*. Universidad del Norte. Barranquilla.

5   Calderón, César y Sebastián Lorenzo. 2010. *Open Government*. Algón Editores.

como los partidos o el propio Estado, jalonado además por la capacidad de vigilancia y movilización de las inteligencias sociales articuladas a la web 2.0 y la web 3.0, haya producido una confluencia, muchas veces conflictiva, entre la disposición de la oferta (estatal) y las exigencias de la demanda (los ciudadanos).

Visto como ventana de oportunidad, ese encuentro entre la desafección y las nuevas formas de movilización, pone en el centro la prioridad de una nueva apertura democrática, como espacio de articulación colaborativa oferta-demanda-oferta, en donde el origen del encadenamiento puede ser el gobierno o el ciudadano, pero en ningún caso será exclusivo del primero o excluyendo al segundo.[6]

Frente a este escenario, proponemos los siguientes ejes temáticos, categorías de análisis e interrogantes:

Eje	Pregunta para el debate	Categorías de análisis
Mas allá de la brecha digital como asimetría en el acceso.	¿Cómo podemos manejar el ciclo de inclusión digital-acceso-apropiación de manera comprensiva y sostenible, tanto en el plano institucional como en el ámbito de la ciudadanía?	Brecha digital por ciclos de aprendizaje. Brecha digital por fenómenos y procesos culturales. Brecha digital por capacidad de respuesta institucional.
Capacidades institucionales de innovación tecnológica y social.	¿Qué tipo de nueva arquitectura de las instituciones públicas demanda la sociedad de la información?	Capacidades de evaluación de las demandas sociales emergentes de participación directa. Capacidades para orientar las decisiones de interés público sobre procesos dominantemente participativos. Capacidades para gestionar la colaboración entre instituciones y ciudadanía en tiempo real.

---

6   Este debate se ha desarrollado en: www.inclusion-digital.oui-iohe.org

Eje	Pregunta para el debate	Categorías de análisis
Sobre los retos de la sociedad abierta: del gobierno a la democracia abierta.	¿Qué capacidad tienen las instituciones democráticas de actualizar sus estructuras de interacción frente a las exigencias de transparencia y legitimidad?	El reto de la pasar de la democracia participativa hacia la interactiva. El reto de la crisis de la representación política para la consolidación de la mediación digital democrática. El reto de la democracia directa y en tiempo real.
Las posibilidades de inteligencia social sobre las nuevas plataformas de interacción.	¿Cuáles pueden ser las dimensiones creativas de las plataformas de interacción social implicadas en los procesos de cambio político?	Las posibilidades de la participación política como convergencia de plataformas. Las posibilidades de participación inteligente a partir del aprovechamiento de los *big data*. Las posibilidades de una sociedad civil hiper-vinculada globalmente.

Esta grilla permitió que un grupo de participantes del seminario Desarrollo Abierto: explorando el futuro de la sociedad de la información en América Latina y el Caribe (Montevideo, abril de 2013) reflexionaran sobre los retos de democracias abiertas mediadas por la interacción digital. Las iniciativas vinculadas fueron las siguientes:

• Proyecto *Ciudadanía, tecnologías colaborativas y regulación*, de Consumers International, una federación mundial de organizaciones de consumidores que cuenta con más de 240 organizaciones asociadas en 120 países.[7]

• Proyecto *Análisis de los efectos del ciber-empoderamiento en las esferas sociales, políticas y económicas en América Latina*, del Instituto Igarapé, un *think-tank* que se dedica a

---

7   www.consumersinternational.org

integrar las agendas de seguridad y desarrollo. Su objetivo es proponer soluciones alternativas a desafíos sociales complejos, a través de investigaciones y elaboración de propuestas de políticas públicas.[8]

- Proyecto *Medios sociales e incidencia ciudadana: ¿Hacia una nueva legitimidad?*, de El Quinto Poder, una iniciativa de la Fundación Democracia y Desarrollo (Chile) que está orientada a estimular la participación ciudadana y la acción política, ofreciendo un espacio abierto de debate y construcción de ideas que se irán transformando en acciones concretas emprendidas por los usuarios, tanto en internet como fuera de la red.[9]

Para el desarrollo de la conversación entre los representantes de las experiencias se planteó un conjunto de preguntas para que cada experiencia diera cuenta de la forma diferencial en la que su uso de las TIC modifica las prácticas de participación ciudadana:

Consumers International

¿Qué potencial de acción cívica en red poseen los *Like, Comment* y *Review* que proporcionan los consumidores en el ámbito digital?

¿Cómo se relacionan los movimientos de "consumo sano" y las nuevas formas de ciudadanía digital?

Instituto Igarapé

¿De qué manera el déficit de *smart data* o las capacidades para su consumo son una brecha de inclusión?

¿De qué manera la producción de) es un requisito para la ciudadanía inteligente?

El Quinto Poder

¿De qué manera la creación de iniciativas en su portal expresan una nueva agenda pública?

---

8   igarape.org.br

9   www.elquintopoder.cl

¿Cómo se modifica la relación representante-representado a través de una mediación activa como la de El Quinto Poder?

¿Cómo afecta El Quinto Poder las dinámicas de responsabilidad social al mismo tiempo que son objeto de ellas?

Activismo social y democracia participativa: ¿Nuevas oportunidades con las nuevas tecnologías?

Hubert Linders[1]

El activismo social tiene una larga historia en América Latina que aún continúa, como lo muestran las marchas para la reforma de la educación, las protestas por los derechos de indígenas o de las mujeres, las huelgas por mejores condiciones laborales, el reclamo de matrimonio entre parejas del mismo sexo, o en defensa del medio ambiente y contra las mega-construcciones. Pero al igual que hace más de cien años, como en el triste ejemplo de la protesta contra los comportamientos de los dueños de las salitreras en Chile al principio del siglo pasado, que resultó en una masacre, esas manifestaciones casi siempre pueden contar con una fuerte represión.

Es claro que todavía no hay y nunca ha habido mucha participación ciudadana en las decisiones gubernamentales. Las democracias restablecidas después de varias dictaduras son representativas, no participativas. Cada tantos años hay elecciones, los candidatos hacen promesas, ganan votos y después hacen lo que quieren: votan lo que el partido les manda votar o se dejan influir o capturar por poderosos grupos de interés o por lobbistas. Mientras tanto, la participación de los ciudadanos en los procesos de legislación ha sido obstaculizada, generalmente aprovechando las deficiencias típicas de las agrupaciones amplias y heterogéneas,

---

1   Consumers International. Las opiniones expresadas en esta publicación son las del autor y no reflejan necesariamente las de la organización.

que reúnen intereses a menudo contradictorios y cuentan con escasos recursos (o ninguno) para sostener una presencia institucional.

Sin embargo, las tecnologías de la información y la comunicación (TIC) son cada vez más accesibles para más personas, y parecen dar nuevas oportunidades para el activismo social y la participación ciudadana en el gobierno. La penetración casi universal de los teléfonos celulares, los *smartphones*, y el cada vez mayor acceso a internet en banda ancha, con sus redes sociales, campañas electrónicas, blogs, *mashups*, *crowdsourcing* y páginas web, brindan muchas posibilidades a los ciudadanos para informarse, participar y hacer valer sus derechos como consumidores o ciudadanos. En los últimos años aparecieron sitios específicos para hacer conocer el descontento de los ciudadanos con las políticas gubernamentales a través de cartas en las que se hacen solicitudes a las autoridades. Tanto individuos como organizaciones de consumidores han hecho peticiones a través de esos sitios sobre temas de su interés, como solicitar la creación de una agencia de protección financiera en los Estados Unidos, mejorar la información en el etiquetado de alimentos o eliminar un componente dañino de ciertas bebidas gaseosas. Otro ejemplo de este tipo es la iniciativa "El derecho al agua y el saneamiento como derecho humano",[2] que logró más de 1,3 millones de firmas.[3]

También existen ejemplos de sitios donde se desarrolla software libre para servir de contrapeso contra la hegemonía de empresas que limitan cada vez más el uso por parte de los consumidores de sus productos legítimamente adquiridos, sean DVD o software u otros productos. Además existen foros de personas que apoyan a otras personas cuando sus dispositivos

---

2   www.right2water.eu/es

3   Entre ese tipo de sitios se encuentra: change.org, gopetition.com, petition24. com y peticiones24.com, thepetitionsite.com, signon.org, elquintopoder.cl, avaaz. org, sumofus.org, causes.com, getup.org.au o twitition.com. He tratado de crear una página con una colección de enlaces a este tipo de sitios web en www.empodere.se/proyecto/index.php/ejemplos/ejemplos-enlaces. La mayoría de estos sitios están en inglés.

no dejan instalar software que en otro país sí está disponible. Eso da lugar a un comportamiento menos legítimo pero bien entendible, como compartir música o películas, vender decodificadores, etc. para contrarrestar los límites de la propiedad intelectual que imponen las empresas transnacionales en base a los tratados de "libre" comercio. De este modo también se expresa el descontento general, que es cada vez más fuerte entre la gente que ya no está tolerando dócilmente lo que "les sirven" las autoridades.

Las redes sociales y los sitios antes mencionados, aparte de usarse para publicar fotos de bebés, fiestas y mascotas, también se usan para revelar estas molestias del público y de los individuos con las políticas públicas o con algunas decisiones específicas respecto a los proyectos que afectan la calidad de vida, el medio ambiente o la economía. Un motivo de queja, por ejemplo, es la falta de regulación de la responsabilidad empresarial ante sus consumidores. Debido a esto, muchas empresas se aprovechan e ignoran las demandas o los comentarios de los consumidores porque igual siguen operando dentro de los "márgenes", en muchos casos muy débiles, que establece la ley (cuando existe).

Pero a la hora de participar surge un problema: hay tantas causas que los ciudadanos tienen que dividir su atención entre miles de causas a las que vale la pena adherir. Pero un pueblo dividido es un pueblo "vencido", y la situación es peor cuando los partidos políticos logran capturar los movimientos que estiman útiles para sus propias agendas. Cuando se trata de ganar unos votos más en tiempo de elecciones, los políticos llegan a plantear lo opuesto a lo que generalmente apoyan: por ejemplo, los "de izquierda" privatizan servicios básicos o los "de derecha" votan en favor del medio ambiente y en contra de los intereses del sector privado. Así logran que los activistas actúen para el beneficio de otros, los neutralizan y hacen desaparecer sus causas.[4]

---

4   Para una buena descripción de esta situación ver el capítulo 3.1 en este volumen.

Me gustaría ahora hacer unos comentarios, observaciones y preguntas, relativos a los riesgos y dificultades que enfrenta la participación ciudadana mediada por las TIC.

Muchos gobiernos hablan del gobierno electrónico como la nueva panacea, pero ¿quieren realmente cambiar sus procesos de decisión y compartir el poder con el pueblo? ¿O quienes gobiernan prefieren quedarse donde están y que todo siga igual? Por ejemplo, existe tecnología que permite votar rápidamente y de forma precisa, casi en tiempo real, incluso desde el extranjero. Sin embargo, hay países con "argumentos" para no admitir votos de ciudadanos no residentes en el país.

Las TIC también podrían facilitar un referéndum o consulta directa sobre cualquier asunto polémico. Allí surge otra pregunta: ¿tenemos la educación adecuada para que el pueblo ejerza un voto real y bien sustentado sobre temas que a veces son técnicamente tan complejos que ni siquiera los mismos políticos entienden? Y esto abre la caja de Pandora: ¿debemos considerar al pueblo como ignorante, y entonces tal vez sea mejor no preguntarle? Además, ¿tendremos la transparencia necesaria para participar en la decisión de temas que nos van a afectar a todos en los próximos años o décadas? Un buen ejemplo actual de secretismo gubernamental son las negociaciones por el Acuerdo Estratégico Transpacífico de Cooperación Económica (TPP).[5]

Tengo la impresión de que el modelo neoliberal funciona solamente cuando sabe mantener el statu quo, es decir mantener o agrandar la brecha entre quienes tienen (acceso al poder, recursos económicos, etc.) y quienes no tienen. Pero el efecto es que las personas con menos acceso a internet, con menos velocidad de acceso, con menos educación, con menos oportunidades para exigir sus derechos, con mucho más tiempo de traslados, no pueden participar en iniciativas como, por ejemplo, el gobierno electrónico. El llamado *bottom billion* –los mil

---

5   Ver: Cerda Silva, Alberto. 2011. "TPP castiga a los consumidores (y a sus bolsillos)" 5-07-11 *ONG Derechos Digitales* www.derechosdigitales.org/2102/tpp-castiga-a-los-consumidores-y-a-sus-bolsillos

millones que están excluidos– es un número que no parece disminuir sino crecer, y si no hay voluntad política para mejorar la inclusión de los ciudadanos más vulnerables, la situación no cambiará mucho.

La misma división se encuentra entre quienes tienen acceso a internet o banda ancha y quienes no. Cada vez existen más aplicaciones para facilitar la vida de las personas con acceso a internet, en particular con las aplicaciones móviles. Se puede conocer ofertas de descuentos, saber dónde hay embotellamientos de tránsito en tiempo real, etc. Pero quienes carecen de conexión solamente pueden hacer una llamada o mandar un simple texto.

Un estudio reciente del BID sobre la banda ancha como catalizador del desarrollo económico y social en América Latina y el Caribe indica que "un aumento del 10% en la penetración de servicios de banda ancha en la región determinaría un incremento medio del 3,2% del Producto Interno Bruto (PIB) y un aumento de la productividad de 2,6 puntos porcentuales".[6] Si es así, ¿por qué los gobiernos no invierten o invitan a invertir para que el acceso a la banda ancha crezca más rápido, y lo mismo ocurra con el PIB del país. ¿No es el objetivo del gobierno hacer crecer la economía para que todo el país tenga una situación (económica) mejor? ¿Por qué no definir el acceso a la banda ancha como un derecho humano, como hizo la ONU con el acceso al agua?

Otra dificultad para el uso extendido de las TIC es el idioma: cada vez se abre más la brecha digital entre quienes tienen acceso y pueden leer en inglés y quienes no saben ese idioma. En América Latina los países deberían juntarse y buscar una forma de crear una digna contraparte, abriendo como *open data* lo mejor que se haya publicado en español. El acceso al conocimiento significa poder leer la información, entenderla y procesarla en su propio idioma.

---

6   BID. 2012. "Informe: cómo ampliar el acceso y bajar los costos de banda ancha en América Latina y el Caribe" www.iadb.org/es/noticias/comunicados-de-prensa/2012-05-30/banda-ancha-en-america-latina-y-el-caribe,10006.html

La participación ciudadana a través de las TIC, aparte de enfrentar la fragmentación debido a la multiplicidad de propuestas antes mencionada, corre el riesgo de caer en la distracción. Lo que es importante ahora ya no lo es dentro de cinco minutos, cuando se lanza el nuevo video de Madonna, el ránking de los clubes de fútbol en Europa o los de básquetbol en los EE.UU., un accidente en un pueblo a miles de kilómetros o un vestido de alguna actriz. Se trata de lo que Lash llama "sociedad de la desinformación", y es consecuencia de la multiplicación, expansión y sobrecarga de "información" de la gente.[7] Los videos y acciones logran una diseminación viral cuando la gente cree que vale la pena compartirlos, o porque son apoyados por celebridades que cuentan con millones de seguidores que repostean sin crítica cualquier cosa que dice su "héroe". Y a veces con ánimo de lucro.

Un peligro no menos importante, y que se ha convertido en un negocio, son las cuentas falsas en las redes sociales. Nadie sabe exactamente cuántas son, pero pueden ser utilizadas para vigilar las actividades de personas que protestan de forma más o menos exitosa en contra de las autoridades, para después socavar su credibilidad a través de desinformación y difamación, y así afectar su efectividad. Además, pueden contrarrestar las acciones sociales que mencionamos antes.

Existen celebridades que se han ofrecido para retuitear mensajes por sumas importantes, pero también hay empresas que pueden crear más de 100.000 seguidores por unos pocos dólares. Esos "seguidores" pueden ir en contra de acciones legítimas, desinformando a la gente.

Una situación lamentable es que con las nuevas tecnologías los gobiernos pueden comunicarse directamente con los ciudadanos, y éstos ya no necesitarían asociaciones de consumidores como antes era el caso. Con mucho esfuerzo, algunas asociaciones lograron participar en la toma de decisiones, y en algunos

---

7   Lash, Scott. 2005. *Crítica de la información*. Amorrortu. Buenos Aires

casos incluso obtuvieron representación en entes reguladores. Esta posición, que requiere dedicación y aprendizaje en temas técnicamente complicados, se puede perder con la extensión del uso de las TIC, lo cual representa un riesgo, porque en un caso así la participación ciudadana sería una participación fingida. Uno podría votar, pero ¿sobre qué? y, por ende, ¿para qué?

A veces parece que internet y sus redes sociales están creadas para consumir en lugar de interactuar. Como la televisión abierta, que en general no muestra más que el "el circo" para el pueblo. La diferencia entre la velocidad de bajar contenido (consumir) y subirlo (interactuar) es abismal, a veces de un factor mayor que 20.

Otro fenómeno actual en la web son los filtros personalizados.[8] Cualquier búsqueda desde un computador no recuperará los mismos resultados desde el computador de otra persona, porque empresas como Google y Facebook ya tienen tanta información personal que son capaces de "personalizar" los resultados. Si queremos ver opiniones divergentes a las nuestras, tenemos que buscar otra forma para encontrarlas.

Por último: ¿estamos realmente avanzando con las TIC hacia una sociedad de la información distinta a la sociedad actual, o vamos hacia una sociedad desinformada y con nuevas brechas?

---

8   Pariser, Eli. 2011. "Ted Talk: Beware online 'filter bubbles'." *Ted* www.ted.com/talks/view/lang/en//id/1091

Smart data, inclusión digital y democracia interactiva: reflexiones a partir del uso de las TIC en el campo de la seguridad ciudadana en América Latina

Gustavo Macedo Diniz[1]

La discusión sobre *smart data* se encuentra en el centro de la cuestión sobre inclusión digital y es un elemento esencial para la plena realización del proyecto de democracia interactiva.

En este breve artículo se reflexiona sobre la importancia del manejo inteligente de grandes cantidades de datos para el proyecto democrático latinoamericano, a partir de la experiencia de utilización de las nuevas tecnologías de la información y la comunicación (TIC) en el ámbito de la seguridad ciudadana. Aunque se encuentra en sus primeras etapas, el uso de *smart data* en esa área es positivo, ya que permite: 1) mejorar la comprensión del fenómeno de la violencia y del crimen por los actores involucrados; 2) aumentar la participación de la sociedad civil en un enfoque participativo de seguridad pública, estableciendo sinergias entre los ciudadanos y el gobierno; y 3) desarrollar de manera descentralizada soluciones eficientes para la inseguridad crónica de la región. Finalmente, señalamos los retos que quedan para que los *smart data* sean una herramienta de empoderamiento de hecho para los pueblos de América Latina, en particular en el campo de la seguridad ciudadana. Se plantean entonces algunas ideas para superar esos retos, con el fin de estimular la reflexión y ofrecer orientación para futuras iniciativas.

---

1   Investigador Asociado - Instituto Igarapé, Brasil – www.igarape.org.br

La producción y mediación de *smart data* como condición para el ejercicio de la ciudadanía inteligente y la rendición pública de cuentas

En gran medida, la crisis contemporánea de la democracia representativa se puede atribuir a la dificultad de los gobiernos y sociedades civiles (en sentido amplio) para identificar, analizar, comprender y manipular las infinitas variables que componen la esfera social en nuestras sociedades de masas. La polis se volvió demasiado grande, poblada e interconectada para que los individuos, grupos e instituciones den cuenta de tal complejidad.

Los métodos tradicionales de deliberación colectiva, incluido el método de nuestros sistemas políticos representativos, ya no cumplen con estos actores en el logro de sus objetivos públicos y privados. Se puede decir que la frustración que sienten los ciudadanos hoy en día en el cumplimiento de sus demandas (no sólo por parte del Estado) viene en gran parte de la dificultad que los actores públicos y privados tienen para interpretar y hacer frente a la cantidad incalculable de datos (físicos y virtuales) que son producidos y transmitidos por personas e instituciones en todo momento.

El uso eficiente de *smart data* es un requisito clave para que estos datos, que contienen información valiosa sobre el cuerpo social, precisamente por sumar una gran cantidad de datos individuales (obtenidos a través de *crowdsourcing*, por ejemplo), se traduzcan en resultados concretos y positivos para los individuos, grupos e instituciones de ese mismo cuerpo social en sus interacciones. Y este es un paso importante en la recuperación de la legitimidad de la democracia contemporánea: el ciudadano sólo se siente bien representado si advierte que sus demandas son satisfechas, sobre todo por parte del gobierno.

En ese sentido, las sociedades de la información se diferencian ventajosamente de sus precursoras debido a dos capacidades potenciales específicas: 1) la capacidad de desagregar los diversos y complejos intereses particulares, tratando de satisfacer la mayor cantidad de "intereses" individuales, sin necesidad de recurrir al par dicotómico monolítico y obsoleto de mayoríaminoría; y 2) la capacidad de analizar los procesos y tendencias –pasados, presentes y futuros, así como de compararlos con los que se dan en otros lugares– para la formulación y justificación de políticas basadas en evidencia empírica, aunque haya resistencia por parte de algunos grupos ideológicamente motivados.

Así, si bien la mediación inteligente de datos proporciona actualmente un importante apoyo a la rendición pública de cuentas, pronto deberá constituirse como un elemento esencial de transparencia de una nueva forma de hacer política, que será guiada en gran medida por los *smart data* y una mayor colaboración entre gobierno y sociedad civil.

TIC y seguridad ciudadana en América Latina

En los proyectos del Instituto Igarapé analizamos muchos ejemplos que indican un fuerte movimiento en dirección a esa nueva forma de hacer política. En la Open Empowerment Initiative (OEI) –proyecto desarrollado en colaboración con SecDev Foundation de Canadá, con el objetivo de comprender los efectos del ciber-empoderamiento en la reconfiguración de las esferas social, política y económica de América Latina– hemos observado que el potencial democratizador de las TIC ha ganado un espacio cada vez mayor. Éstas propician que los agentes de la sociedad civil hagan oír su voz y se involucren en áreas de interés público que antes eran de dominio exclusivo del Estado, como la seguridad pública, por ejemplo.

Por todo el continente americano se extienden iniciativas que usan internet y otros medios digitales, desde plataformas fijas y móviles, para colaborar e innovar en el proyecto de seguridad ciudadana para la región. América Latina no es solamente la región más conectada del mundo en desarrollo,[2] sino tam-

2   En 2012, aproximadamente el 43% de los habitantes de América Latina estaban en línea (255 millones de personas). Esto contrasta con el 27,5% de los asiáticos y el 15,6% por ciento de los africanos (www.internetworldstats.com). Además,

bién la más violenta.[3] Ciudadanos, ONG y empresas aprovechan la primera condición para abordar y buscar soluciones para la segunda realidad. Esto es consistente con los principios de la seguridad ciudadana: una visión democrática y participativa de la seguridad pública, centrada en el individuo y en la promoción de los derechos humanos, y no más en la defensa del Estado, como fue la práctica común del período dictatorial (entre 1960 y 1990, aproximadamente).

Las TIC fomentan tanto las sinergias entre los ciudadanos como entre éstos y los agentes públicos, dirigidas hacia un bien común de promoción de la seguridad y la paz, así como también permiten un conocimiento más preciso y detallado del fenómeno de la violencia y del crimen (*big data analysis/research*).[4] Igualmente importante, la movilización ciudadana permite un mayor control de los abusos cometidos por las fuerzas de segu-

---

dado que las poblaciones de la región comparten afinidades lingüísticas y culturales, el ciberespacio de América Latina es uno de los más ricos del mundo en términos de producción y consumo de redes sociales, especialmente Facebook y Twitter. (Diniz, G. y Muggah, R. 2012. "A Fine Balance: Mapping Cyber-(in)security in Latin America". *Strategic Paper 2*. Igarapé Institute. www.igarape.org.br/a-fine-balance-mapping-cyber-insecurity-in-latin-america).

3   Si bien todos los países y sociedades del mundo padecen la violencia de maneras distintas, el alcance y la escala de la violencia organizada e interpersonal son claramente más virulentos en América Latina. Por ejemplo, América Central y el Caribe registran tasas de homicidio de 29 y 22 por 100.000 habitantes respectivamente –dos a tres veces el promedio global. (Muggah, R. y Diniz, G. 2013. "Using Information and Communication Technologies for Violence Prevention in Latin America" En Mancini, F. 2013. *New Technology and the Prevention of Violence and Conflict*. New York: International Peace Institute. www.igarape.org.br/new-technology-and-the-prevention-of-violence-and-conflict).

4   Ver, por ejemplo, Monroy-Hernández, A., Boyd, D., Kiciman, E., De Choudhury, M. y Counts, S. 2013. "The New War Correspondents: The Rise of Civic Media Curation in Urban Warfare". CSCW '13, February 23-27, San Antonio, Texas, USA. www.research.microsoft.com/en-us/people/amh/cscw2013-civic-media-warfare.pdf;
Monroy-Hernández, A., Kiciman, E., Boyd, D. y Counts, S. 2012. "Narcotweets: Social Media in Wartime". *Proceedings of the Sixth International AAAI Conference on Weblogs and Social Media*. www.aaai.org/ocs/index.php/ICWSM/ICWSM12/paper/viewFile/4710/5046; Coscia, M. y Rios, V. 2012. "How and where do criminals operate? Using Google to track Mexican drug trafficking organizations". *CID Research Fellow & Graduate Student Working Paper No. 57*. www.gov.harvard.edu/files/videos/CosciaRios_GoogleForCriminals.pdf

ridad del Estado (una realidad histórica todavía muy presente en el continente). En un artículo reciente, investigamos los tipos existentes de tecnologías empleadas para la seguridad ciudadana en América Latina e identificamos la tipología que se presenta en la Tabla 1:[5]

Tabla 1. Aplicaciones verticales y horizontales de las TIC para prevención de la violencia en América Latina

Tipo	Abordaje	Funciones
1) Vertical: gobierno - gobierno	TIC desarrolladas por y para uso intra- e intergubernamental	Vigilancia en tiempo real del territorio y de las redes sociales + análisis de grandes volúmenes de datos para el mapeo de hot spots y la rendición de cuentas interna [recopilación de datos]
2) Vertical: gobierno - ciudadano	TIC desarrolladas en cooperación con gobiernos y ciudadanos para mejorar los niveles de seguridad	Sistemas de fusión de datos para mejorar la asignación de los incidentes y aplicaciones a medida para la denuncia ciudadana [recopilación y análisis de datos]
3) Horizontal: ciudadano - gobierno	TIC desarrolladas por grupos privados y ONG con aplicaciones para gobiernos y ciudadanos	Sistemas abiertos de fusión de datos a medida empleando una combinación de TIC que permitan denuncias anónimas de crímenes de hecho o sospechosos [recopilación y análisis de datos]
4) Horizontal: ciudadano - ciudadano	TIC desarrolladas por grupos privados, ONG y activistas para uso uso exclusivamente ciudadano	Redes sociales y sistemas de redes que usan plataformas existentes (Facebook, Google, Twitter) o sistemas específicamente desarrollados [análisis de datos]

Fuente: Muggah y Diniz (2013)

---

5   Ver Muggah, R. y G. Diniz. 2013. op. cit.

Abundan ejemplos de cada una de las categorías descritas en la tabla y son cada vez más frecuentes en la región. Dos casos del tercer tipo de uso de TIC para la seguridad ciudadana en América Latina, que emplean métodos de *crowdsourcing* y de manipulación/visualización de *big data* son Centro de Integración Ciudadana (CIC),[6] una plataforma desarrollada por Citivox (Mexico) y Unidos pela Segurança (UPSEG),[7] desarrollado por Stal IT (Brazil). La tendencia es que progresivamente las iniciativas de ese y otros tipos se perfeccionen y se conviertan en una práctica común que ayudará a los ciudadanos a disfrutar de manera más amplia y concreta de sus derechos.

Conclusiones: el déficit de *smart data* y de capacidades para su producción/consumo como brecha de inclusión

A pesar del escenario optimista, aún quedan muchos desafíos por delante. Será necesario abordarlos para que los *smart data* sean de hecho una herramienta de empoderamiento para los pueblos de América Latina.

Con relación a la seguridad ciudadana más específicamente, un problema particular es el más urgente: el uso dual de las TIC en la región. Las nuevas tecnologías no son sólo el dominio exclusivo de activistas y defensores de la prevención de la violencia. La delincuencia tradicional está migrando en línea, mientras que las nuevas formas de actividades nocivas están aumentando debido precisamente a la expansión del ciberespacio en todo el planeta. Así, será necesario que se encuentre un equilibrio entre las medidas de seguridad y la preservación de la libertad en el ciberespacio, para que se pueda combatir la delincuencia tradicional y la que emplea nuevas tecnologías, a la vez que se preserve el anonimato de quienes contribuyen a un entorno vir-

---

6   www.cic.mx

7   www.upseg.org/mapa.upseg

tual y real más seguros. Los ciudadanos latinoamericanos tienen miedo de utilizar las TIC para reportar denuncias, por temor de ser rastreados, localizados y castigados por criminales y agentes policiales corruptos.[8]

De manera más general, muchos retos ya han sido mencionados en la literatura sobre *smart data* relativos a la brecha de inclusión digital. Para no ser repetitivos, añadimos aquí dos problemas interconectados pertinentes a la presente discusión y que deben ser solucionados:

- Es necesario transformar información en conocimiento: eso implica no sólo las diferentes "alfabetizaciones" de la población (técnica, digital, informacional y ciudadana) sino también la creación de plataformas y herramientas que sean atractivas, visualmente interesantes, interactivas y fáciles de manipular. Además de la democratización del acceso, eso facilita la comunicación de cuestiones complejas. La aplicación Global Arms Trade Visualization Tool (herramienta para la visualización del tráfico de armas mundial), desarrollada en colaboración con Google,[9] es un buen ejemplo. La plataforma integra datos y procesos complejos sobre flujos internacionales de armas y municiones, y los convierte en algo "digerible" incluso para un usuario desconocedor del tema.

- Es necesario tratar las desigualdades más estructurales de nuestras sociedades para que los *smart data* sean efectivamente una solución, y no un problema más para la crisis de representatividad. La cuestión es que la manipulación inteligente de datos depende no sólo de la producción en masa, sino también de un tratamiento colaborativo de los datos (lo que implica dar a las personas los incentivos correctos para participar). Equilibrar bien estos dos aspectos y asegu-

8   Entrevistas realizadas por los investigadores de Igarapé en zonas marginales de Brasil, Colombia y México confirman ese hecho.

9   Ver workshop.chromeexperiments.com/projects/armsglobe/

rar que todos tengan acceso y sepan operar y consumir los mecanismos de *smart data* son pasos esenciales para evitar la reproducción de las desigualdades en un instrumento que debe ser empleado para erradicarlas.

4

LEYES DE DERECHOS DE AUTOR Y LA ECONOMÍA CREATIVA

Leyes de propiedad intelectual y la economía creativa: ¿cómo pueden prosperar la ciencia y la educación en la era digital en ALC?

Ronaldo Lemos[1]

El debate sobre propiedad intelectual y el acceso al conocimiento se ha venido transformando rapidamente en los últimos 10 años. Estamos dejando la fase heroica, en la cual había que definir (o al menos aclarar) los contornos del "acceso al conocimiento" y yendo hacia un contexto más pragmático en el cual es necesario resolver problemas específicos.

Hace diez años, en la mayoría de los países de América Latina asuntos como la e-salud, e-educación y e-gobierno eran más una expresión de deseos que ideas con posibilidades reales de ser implementadas. En cambio, el momento actual constituye un punto de inflexión para la región en cuanto a la conectividad. Las políticas gubernamentales, los emprendimientos comerciales y las iniciativas sin fines de lucro están contribuyendo a mejorar la conectividad general de la región.

En 2012, un 98% de la población de la región tenía acceso a una señal de teléfono celular y un 84% de los hogares estaban suscritos a algún tipo de servicio móvil, según un informe del Banco Mundial. Esta expansión bastante rápida de las tecnologías de la información (TIC) en América Latina y el Caribe (ALC) tomó desprevenidos a muchos académicos y profesionales

---

[1] Director y fundador del Centro de Tecnología y Sociedad en la Fundación Getulio Vargas (FGV) en Río de Janeiro, Brasil. También es investigador asociado del Center for Information Technology Policy en la Universidad de Princeton.

de la propiedad intelectual y el acceso al conocimiento. Mientras que estos todavía estaban considerando modelos hipotéticos para desplegar y utilizar TIC, una cantidad significativa de la población de la región ya estaba poniendo en práctica usos innovadores para la tecnología más reciente, además de ir más allá de las expectativas en cuanto a la auto-organización y el empoderamiento.

Algunos ejemplos se ven en el surgimiento y expansión de ambientes culturales en varios países de ALC, que modificaron el equilibrio simbólico desde una forma de producción cultural centralizada "de uno a muchos", hacia una descentralizada "de muchos a muchos". Servicios web como Youtube o 4shared crearon las condiciones para diseminar artefactos culturales de un modo que permitía competir de igual a igual con las formas de la industria establecida. Las formas de expresión invisibles de las periferias de la región se vieron entonces fortalecidas por las herramientas como las redes sociales y *torrents*, lo que permitió pasar por alto a los canales de los medios tradicionales.

Además, las limitaciones económicas que afectan la conectividad también dieron lugar a estrategias innovadoras, como el surgimiento de "*casas-lan*", unos cibercafés que surgieron en áreas pobres de la región (de forma destacada en Brasil), donde un grupo de personas conectadas por medio de un grupo de computadoras conectadas por una "red de área local" compartían una sola conexión a internet a cambio de una pequeña cantidad de dinero. Y otros arreglos, como el surgimiento de un mercado secundario de "minutos" de teléfono celular, un resultado directo del hecho de que más del 80% de los teléfonos celulares de la región son prepagos.

También es importante que el enorme potencial de este mercado de bajos ingresos ha resonado incluso en el diseño y manufactura de *hardware*. Las compañías asiáticas se dieron cuenta de la gran demanda de teléfonos celulares por parte de los pobres, y comenzaron a diseñar y vender productos de bajo costo, diseñados para poblaciones de bajos ingresos. Entre estos, por ejemplo, hay teléfonos que cuestan 20 dólares estadounidenses y son capaces de utilizar 4 tarjetas sim de manera simultánea, permitiendo que el usuario pueda cambiar de operador según las ofertas de tarifas más bajas y las diversas promociones de temporada. También hay celulares capaces de recibir señales de radio y televisión por aire, algo altamente valorado por grandes partes de la población que vive en áreas poco privilegiadas.

Por supuesto, todos estos cambios rápidos y las nuevas prácticas sociales que introducen chocan con las formas tradicionales de propiedad intelectual y otras normas establecidas. La diseminación de la cultura a través de redes sociales o por medio de los *torrents*, en muchos casos viola las leyes de propiedad intelectual. El uso del *remix* como forma de expresión, por medio del cual artefactos culturales son apropiados y transformados sin fin para incorporarles nuevas ideas, se ha vuelto una forma central de expresión para las poblaciones de bajos recursos que cuentan con conexión. Además, los teléfonos celulares baratos utilizados en los barrios pobres de muchas ciudades de ALC son desarrollados violando una cantidad de patentes establecidas o sin cumplir con estándares de certificación de agencias reguladoras de telecomunicaciones nacionales. Uno de los retos a futuro es entender mejor la desarticulación que existe entre el sistema legal regulatorio y las prácticas de conectividad de la mayoría de la población de la región.

Si bien los teléfonos celulares han sido el centro del debate reciente sobre la brecha digital, un nuevo reto ha surgido para los investigadores, políticos y profesionales: anticipar el impacto del creciente número de tabletas. Una poderosa señal de su relevancia viene de Brasil. A finales de 2011, el país tenía 200.000 tabletas, pero hacia finales de 2012, ese número explotó a 5 millones, siendo más de un 50% de esta cantidad tabletas de bajo costo de marcas desconocidas (la mayoría fabricadas en China), y compradas por poblaciones de bajos ingresos que no tienen los recursos para adquirir productos de alto nivel como los de Apple o Samsung, o no desean hacerlo.

Así como muchas personas de la región compraron un teléfono celular sin haber tenido un teléfono fijo, estamos ante un momento en el que un gran número de personas están comprando una tableta sin haber tenido nunca una computadora.

Este movimiento "directo a tableta" traerá una cantidad de preguntas y retos. ¿Cuál será el contenido al que se acceda a través de ellas? Ciertamente no serán los libros descargados desde Amazon, o las películas compradas a través de iTunes, dado que son demasiado costosos para las familias de bajos ingresos de la región, que no pueden permitirse pagar 8 dólares estadounidenses por un libro o 1 dólar por una sola canción.

Asimismo, la e-educación podría convertirse en un asunto crucial. En los próximos 10 años habrá cada vez más tabletas en los salones de clase. Esto hace surgir preguntas como: ¿cuáles serán las políticas de propiedad intelectual sobre materiales educativos? ¿Cómo ocurrirá la transición a materiales educativos multimedia en la región? Si los materiales de clase comienzan a incluir películas o música, las organizaciones recaudadoras de regalías por el uso público de trabajos registrados seguramente querrán cobrar las tarifas correspondientes a las escuelas. Si la música se ejecuta en espacios públicos, sea en escuelas o salas de baile, las regalías por propiedad intelectual son obligatorias y deben ser cobradas. Los próximos años mostrarán si la transición hacia materiales educativos multimedia en las escuelas representará otro choque entre la propiedad intelectual y las prácticas sociales.

En resumen, los problemas a los que nos enfrentaremos en los próximos años tendrán un impacto tremendo para nuestras sociedades y los investigadores, educadores, la industria y los políticos enmarcados en el asunto de la propiedad intelectual. Todos tendrán que estar preparados para anticipar los cambios tecnológicos que están transformando la ecología del acceso en ALC. Ignorar estos cambios no sólo dificultará la innovación en la región, sino que también mantendrá a grandes porciones de la población de ALC en alguna parte entre el mundo formal y el informal. Eso dará lugar a una numerosa clase de ciudadanos que no pueden beneficiarse completamente de la expansión del acceso a las TIC sin cargar a la vez con el estigma de la ilegalidad.

Amenazas de la regulación internacional y desafíos institucionales al acceso a los contenidos digitales en América Latina

Joana Varon[1]

Aunque las tecnologías de la información y la comunicación (TIC) ofrecen grandes posibilidades para salvar las brechas del desarrollo al brindar acceso al conocimiento de una manera nunca antes vista en la historia de la humanidad, hay restricciones significativas relativas a la regulación, al igual que desafíos institucionales que ponen en riesgo dichas posibilidades.

Estas amenazas son especialmente intensas en América Latina y en otras regiones donde las economías emergentes en vías de desarrollo están bajo presión de los países desarrollados y de la industria nacional e internacional de los contenidos, que exigen que alcancen un mayor grado de cumplimiento de las normas relativas a los derechos de propiedad intelectual. Tal presión no sólo no tiene en cuenta las excepciones y los límites establecidos en los tratados internacionales, sino que además va en contra de las nuevas prácticas de internet que están surgiendo en la región. Peor aun, la presión ocurre de manera no transparente, pasando por alto los habituales foros multilaterales de negociación internacional y, especialmente en el campo del cumplimiento de las leyes de derechos de autor, planteando dudas acerca de qué arreglos institucionales para la gobernanza de internet pueden garantizar el acceso al contenido y la libertad de expresión.

---

1   Investigadora del Centro de Tecnología e Sociedade (CTS) de la Fundación Getúlio Vargas (FGV), Brasil.

Aunque internet fue concebida en un entorno que se caracteriza por ser abierto, y donde la información fluye libremente y puede ser compartida, estos derechos y principios de internet se enfrentan a desafíos importantes que pueden tener consecuencias duraderas sobre el desarrollo económico y social de la región.

El acuerdo de Organización Mundial del Comercio (OMC) sobre Aspectos de los Derechos de Propiedad Intelectual relacionados con el Comercio (ADPIC) promovió la armonización del derecho de la propiedad intelectual (PI) y estableció las bases para el cumplimiento de los derechos de PI en todo el mundo. A este enfoque se le ha criticado que, en última instancia, promueve un flujo de recursos hacia los países desarrollados, bajo la forma de mayores pagos por derechos de autor y patentes.

Para equilibrar este enfoque, en 2007 se marcó un hito importante con la adopción de la Agenda para el Desarrollo en la Organización Mundial de la Propiedad Intelectual (OMPI), un esfuerzo para que la atención en el debate sobre la PI pasara de la promoción de una mayor protección indiscriminada a considerar cómo los regímenes de PI afectan a los incentivos para la creatividad en los ámbitos locales.

El documento original, propuesto en un principio por Brasil y Argentina, sostenía que la "protección de la propiedad intelectual no se puede ver como un fin en sí mismo, y la armonización del derecho de la propiedad intelectual no puede llevar a estándares de mayor protección en todos los países independientemente de los niveles de desarrollo de cada país". A raíz de ello, la Agenda para el Desarrollo consta de 45 recomendaciones a los Estados miembros. Entre los asuntos que contempla están la transferencia de tecnología, las TIC y el acceso al conocimiento en el contexto del desarrollo, y la recomendación 27, que llama en particular a "facilitar los aspectos de las TIC relacionados con la PI que favorecen el crecimiento y el desarrollo".

Sin embargo, a pesar del progreso logrado con la aprobación de una Agenda para el Desarrollo, poco más ha cambiado en la

OMPI. Aunque se les ha conferido poder mediante las propuestas de la Agenda para el desarrollo y gracias al creciente poder para negociar de las economías emergentes, tales como Brasil e India, los países en desarrollo se enfrentan a un enorme grupo de presión de la industria de la PI, en el ámbito nacional y en el internacional, que les impide establecer una agenda de PI concentrada en el interés público. Un ejemplo de esta situación de parálisis se encuentra en el proceso de aprobación de un tratado cuyo fin es mejorar el acceso al conocimiento por parte de las personas con discapacidad visual. Aunque el tratado propuesto se basaría en derechos humanos fundamentales y se lo formularía claramente dentro de las excepciones y límites a la protección de los derechos de autor, al cabo de tres años de debate no se ha aprobado ningún texto.

Dado que los debates entre quienes abogan por un cumplimiento más estricto de las normas relativas a la propiedad intelectual y quienes procuran equilibrar los derechos de autor con el interés público se han paralizado dentro del sistema multilateral, los países desarrollados han buscado otros mecanismos para lograr sus fines.

En América Latina, el papel de "guardián" lo desempeña especialmente Estados Unidos. Todos los años, la Oficina del Representante Comercial de Estados Unidos (USTR) emite un Informe Especial 301, muy conocido por quienes abogan por el acceso al conocimiento. Este informe establece una lista negra de países, la "Lista de Observación Prioritaria", donde la USTR incluye a los países que considera que tienen leyes de PI inadecuadas o que no las hacen cumplir satisfactoriamente. Este "juicio" se establece mediante estándares que son aun más altos que los que establece el acuerdo ADPIC, y los modelos extranjeros de protección de la PI se evalúan todos según el mismo criterio. Brasil, por ejemplo, se encuentra con regularidad en la lista, ya sea por permitir fotocopias de material educativo en las universidades o, más recientemente, por propuestas de reforma de los derechos de autor y de la legislación relativa a internet acerca de la responsabilidad de los proveedores de servicios de internet y los procedimientos para retirar contenido.

En el ámbito internacional, Estados Unidos ha estado presionando para que se adopten acuerdos de comercio por fuera de los foros multilaterales habituales, recurriendo al secreto y a la falta de transparencia para establecer estándares más altos de cumplimiento de los derechos de PI. Tal fue el caso del Acuerdo Comercial Antifalsificación (ACTA), un acuerdo que en potencia es sustancialmente perjudicial para las normas relativas a internet basadas en un marco de derechos humanos y en políticas equilibradas de cumplimiento de los derechos de autor.

Estados Unidos, Australia, Canadá, Japón, Marruecos, Nueva Zelanda, Singapur, Corea del Sur y México ya han firmado el ACTA, y éste fue objeto de una importante controversia en la Unión Europea, donde el Parlamento Europeo finalmente lo rechazó en 2012. Aunque México es el único país latinoamericano que firmó el ACTA, Estados Unidos, presionado por la industria de los derechos de autor, no ha cejado y sigue procurando normas y estándares similares para la región, mediante, por ejemplo, el Acuerdo Estratégico Trans-Pacífico de Asociación Económica, o Alianza del Pacífico (TPP).

El TPP es un acuerdo de comercio propuesto por el gobierno de Estados Unidos con países de la región del Pacífico: Australia, Brunei, Canadá, Chile, Japón, Malasia, México, Nueva Zelanda, Perú, Singapur y Vietnam. Sus disposiciones incluyen medidas restrictivas para el cumplimiento de los derechos de autor y la protección de patentes que van incluso más allá de las propuestas en el ACTA. Entre las consecuencias posibles de la integración a este acuerdo están la extensión del plazo de la protección de los derechos de autor, un aumento de los precios de los bienes culturales y los medicamentos, y la desconexión de los proveedores de servicios de internet que no hagan cumplir el acuerdo, así como acusaciones penales con penas que podrían incluir la prisión y multas graves.

En último término, pero no por ello menos importante, además de criminalizar a los usuarios comunes y obstaculizar el acceso al conocimiento, las disposiciones del TPP incluyen el bloqueo de contenidos de la red sin que medie orden judicial, y un enfoque general de "aviso y eliminación". Este enfoque podría crear un efecto amedrentador en el acceso a contenidos y para la libertad de expresión, sobre todo porque muchos titulares de derechos de autor han abusado con frecuencia de este sistema, al igual que usuarios que desean suprimir la libertad de expresión.

Si el TPP establece dicho estándar, ello servirá de presión internacional, aun más allá de la región del Pacífico, para la adopción de medidas restrictivas en desmedro del interés público y los asuntos relativos al desarrollo. Brasil, por ejemplo, ya ha empezado a discutir la implementación del sistema de "aviso y eliminación"; sin duda, tener una tan mala práctica en la vecindad no será de ayuda.

Previsión

En un contexto en el que los países desarrollados están usando los acuerdos comerciales para imponer estándares internacionales a la responsabilidad de los intermediarios y a otros asuntos de la política relativa a internet, hay una cuestión que el movimiento en pro del acceso al conocimiento tiende a ignorar: la necesidad de tener en cuenta la brecha institucional internacional respecto a las políticas sobre internet.

Mientras haya un vacío institucional en lo relativo a la gobernanza de internet, seguirán surgiendo normas no transparentes y sin equilibrio, las cuales propondrán un cumplimiento dañino de la protección de los derechos de autor. Y las instituciones existentes que ya tratan con las TIC, tales como la Unión Internacional de Telecomunicaciones (UIT), procurarán llenar ese vacío. Además del modelo de gobernanza de esta organización, que no contempla a los múltiples grupos de interesados, también representa un riesgo importante la posibilidad de crear una responsabilidad excesiva de los intermediarios en el nivel de infraestructura de la red, para lidiar excesivamente con el nivel de los contenidos. Ello, a su vez, podría provocar un bloqueo y una censura graves de los contenidos.

Un enfoque de la gobernanza de internet con múltiples grupos de interesados, en el cual los gobiernos, las empresas, la sociedad civil, la academia y la comunidad técnica puedan discutir y decidir en igualdad de condiciones, es un requisito básico para bloquear las iniciativas internacionales extremas relativas al cumplimiento de los derechos de autor y otras amenazas a los derechos digitales. Este asunto ha estado muy presente en los debates del Foro de Gobernanza de Internet, y debería ser tenido en cuenta por los gobiernos, los académicos y los activistas que se dedican a promover el acceso al conocimiento.

Sin embargo, el debate acerca de la gobernanza de internet ha llevado a que se entienda claramente que el derecho a acceder a contenidos se relaciona con el derecho a la libertad de expresión y, en última instancia, con el derecho al desarrollo. Frank La Rue, el Relator Especial de la ONU sobre la promoción y la protección del derecho a la libertad de opinión y expresión ha hecho una enorme contribución a tal enfoque. La Rue define la libertad de expresión como "el derecho de todas las personas a buscar, recibir e impartir información e ideas de todo tipo por todos los medios posibles". Esta definición tiene clara relación con los debates sobre el acceso a los contenidos y tiene en cuenta la disponibilidad y la diversidad de los contenidos de la red, no sólo en lo relativo a qué es accesible a quién (consumo), sino también en lo que concierne a la libertad de crear contenidos (producción) y la igualdad de tratamiento de los diferentes contenidos en cuanto a la distribución a través de las redes (distribución). Estas dimensiones de acceso a los contenidos se relacionan estrechamente con que se garanticen otros derechos y principios relativos a internet como, por ejemplo, el derecho a la privacidad y el principio de neutralidad de la red, todos ellos ampliamente relacionados con el derecho a la libertad de expresión.

Por consiguiente, el debate acerca del acceso a internet debería estar siempre enmarcado dentro de esta perspectiva más amplia para promover el conocimiento y, en última instancia, soluciones innovadoras. Asimismo, las amenazas internacionales de regulación y los desafíos institucionales a la promoción del acceso a los contenidos digitales en América Latina deben considerar también los enfoques concentrados en los derechos humanos y el interés público, ya que se relacionan con el derecho al desarrollo.

La región ya ha promovido este tipo de enfoque, en especial durante los encuentros del Congreso Mundial sobre la Propiedad Intelectual y el Interés Público, que se realizó en Washington, DC en 2011. La reunión representó el comienzo del establecimiento de nexos entre la sociedad civil internacional y algunos gobiernos para promover una agenda positiva de la cuestión de la propiedad intelectual, considerando, entre otros aspectos, modelos de negocios abiertos, la implementación y expansión de excepciones y límites, y el reconocimiento de las nuevas prácticas que la tecnología ha hecho posibles.

Los académicos y los activistas latinoamericanos han estado entre los principales actores en esta agenda mundial que surgió en Washington en 2011. En esa ocasión, más de mil expertos firmaron la Declaración de Washington sobre la Propiedad Intelectual y el Interés Público, la cual recomienda un camino basado en la evidencia para promover un régimen más equilibrado para el fomento de la ciencia, la educación y la innovación en la era digital. La segunda reunión del congreso se llevó a cabo en Río de Janeiro en diciembre de 2012, y fue un momento clave para permitir la coincidencia de la academia y la sociedad civil latinoamericanas en esta agenda positiva.

Aunque la presiones en pro de una restricción injustificada del acceso a los contenidos digitales y las amenazas a la apertura digital están creciendo, es alentador ver que la sociedad civil está activa y está organizándose y coordinándose más en toda la región. Relacionar este movimiento con los debates sobre la gobernanza de internet y los derechos humanos brinda algunos caminos posibles para tratar las amenazas de regulación y los desafíos institucionales al acceso a los contenidos, con el fin de aprovechar el potencial de internet para la educación, la ciencia y la tecnología en América Latina.

Los artículos científicos en América Latina y el Caribe: ¿es posible pensar en miradas que pongan el acento en el acceso?[1]

Carolina Botero[2]

Acceder al conocimiento se relaciona tradicionalmente con el acceso a dos productos de la inversión que las sociedades hacen en ciencia, tecnología e innovación: los artículos científicos que presentan los resultados de procesos de investigación, artículos que son evaluados por pares y publicados en revistas científicas y los títulos de propiedad industrial (patentes). Este texto propone una breve reflexión sobre cómo se aborda, en América Latina y el Caribe (ALC), el reto de difundir el conocimiento que se crea en la región y que circula a través de las publicaciones científicas. Asimismo, se plantea la importancia de promover que las políticas públicas comiencen a ocuparse también del acceso al conocimiento, ya que puede significar un nuevo panorama para el impacto de estas producciones en el desarrollo de la región.

---

1   El presente documento resulta de reflexiones de la autora en torno a su papel como consultora para la estrategia regional promovida por las autoridades de ciencia, tecnología e innovación de nueve países de América Latina junto a sus redes nacionales de investigación y educación, y con financiamiento del BID. Esta estrategia resultó en el nacimiento en 2012 de LA Referencia. LA Referencia es una red federada de repositorios institucionales en la que se recoge la producción científica de calidad de las instituciones de educación superior y los centros de investigación de los países de la región, que son los nodos de la red.

2   Abogada, miembro de Fundación Karisma, Colombia www.karisma.org.co/ y colíder del Creative Commons local.

Las políticas públicas de la región se han centrado en la producción

El reciente informe de UNESCO sobre sistemas nacionales de ciencia, tecnología e innovación en ALC[3] nos muestra que, a pesar de los esfuerzos de los países de la región durante el siglo XX para incidir en políticas públicas y mejorar la producción científica, sigue pendiente la tarea de ocuparse de la difusión del conocimiento científico que se produce en la región[4] y se transmite a través de las publicaciones científicas.[5] Es necesario superar el esquema tradicional de circulación del conocimiento científico para aumentar su impacto. El acceso abierto se orienta a poner textos completos en la red, a disposición gratuita y pública de cualquier usuario para su lectura, descarga, copia, distribución, impresión, búsqueda o enlace, sin barreras económicas, legales o técnicas. La promoción de esta modalidad de acceso puede ser una respuesta innovadora de política pública a esta necesidad.

Hasta ahora la tendencia en materia de incentivos a la publicación científica se ha centrado en la cadena de producción. Así, se ha incentivado la creación de grupos de científicos y se ha promovido que cumplan con estándares internacionales

---

3   Lemarchand, G. (ed). 2010. *Sistemas nacionales de ciencia, tecnología e innovación en América Latina y el Caribe.* UNESCO. Montevideo. www.vinv.ucr.ac.cr/docs/divulgacion-ciencia/libros-y-tesis/sistem-nacion-cyt.pdf

4   "Diez años después de Budapest, la mayor tasa de generación y absorción del conocimiento científico-tecnológico sigue estando concentrada en los países desarrollados. Esta causa ha contribuido a aumentar la brecha tecnológica entre los últimos y aquellos países que aún se encuentran en desarrollo. También se reconoció que la intensificación de las relaciones globalizadas y de la internacionalización de la producción científica y tecnológica, *sigue estando limitada por restricciones en la circulación y divulgación del conocimiento producido*" (resaltado nuestro).

5   Las publicaciones en revistas indexadas y las patentes registradas son los resultados de la inversión en ciencia, tecnología y en innovación que permiten medir y comparar internacionalmente el nivel de desarrollo de un país en un campo determinado. Por tanto, sirven para establecer su desempeño dentro del concierto general, se usan como índices del desarrollo del país.

en la publicación de los resultados de investigación. Se ha impulsado y facilitado el surgimiento de revistas que imponen estándares de calidad a los artículos, mediante un sistema de medición diferencial que emplea una medición de impacto. Se han incluido esquemas de internacionalización, desarrollado sistemas de medición de la producción científica, creado programas de postgrado, promovido el reconocimiento de la producción científica por las universidades a través de sistemas de incentivos para sus docentes e investigadores, etc. Las acciones en este sentido han servido para mejorar los resultados de los diferentes países y, por ejemplo, han conseguido ubicar a Colombia en el quinto lugar en términos de producción científica por país en la región.[6]

Mientras los procesos de políticas públicas de ciencia, tecnología e innovación (CTI) en ALC se concentran en incentivar la producción del conocimiento, su difusión depende de mecanismos de circulación y evaluación extranjeros que en esencia responden a sistemas de adaptación al entorno digital de los modelos impresos –un modelo que se encuentran en crisis tal como lo señalan los propios científicos y bibliotecas[7]– o a esfuerzos individuales que no están aprovechando de la mejor manera la capacidad de difusión de las Tecnologías de la Información y la Comunicación (TIC) y las posibilidades de descubrimiento que ofrece internet, y tampoco generan reflexión en torno al acceso que brinda el entorno legal o la fuente de los recursos que posibilitan la creación de conocimientos.[8]

---

6   SCImago. 2007. *SJR — SCImago Journal & Country Rank*. www.scimagojr.com

7   Aunque es un reclamo ya reiterado en los últimos años, este artículo ubica la discusión en un momento muy actual "Harvard Library to faculty: we're going broke unless you go open access". Cory Doctorow 23-04-12 *Boing Boing*. www.boingboing.net/2012/04/23/harvard-library-to-faculty-we.html

8   Esta afirmación no pretende desconocer el alcance que sistemas de información y catálogos regionales como SCIELO, REDALYC o Latindex han logrado al publicar en internet buena parte de la publicación académica, sino más bien reconocer que siguen dependiendo de esfuerzos individualesy que aún deben afrontar retos en lo que toca al descubrimiento, estandarización y garantía de circulación jurídica.

Trabajar desde la política pública

Gracias al nuevo entorno tecnológico, la humanidad está cerca de conseguir que cualquier persona pueda "participar en el progreso científico y en los beneficios que de él resulten", como expresa el artículo 27 de la Declaración Universal de Derechos Humanos. Sin embargo, esta meta exige la actuación de los Estados y de la comunidad científica. De hecho, el Pacto Internacional de Derechos Económicos, Sociales y Culturales de 1966 impone a los Estados miembros la obligación de adoptar las medidas "necesarias para la conservación, el desarrollo y la difusión de la ciencia y de la cultura" y reconocer "los beneficios que derivan del fomento y desarrollo de la cooperación y de las relaciones internacionales en cuestiones científicas y culturales".[9]

Internet permite pensar en amplificar y garantizar considerablemente los mecanismos de difusión de la producción científica como una forma de mejorar el retorno de la inversión en ciencia que hacen los Estados e instituciones, retorno que puede verse incrementado a través de modelos de acceso abierto.

Desde el Estado se puede impulsar y desarrollar diversas estrategias en el marco del acceso abierto (las llamadas "rutas verde y dorada") mediante el incentivo de sistemas que garanticen mecanismos más rápidos y amplios para compartir con toda la sociedad el conocimiento científico producido. La implementación de la ruta verde promoverá la creación de repositorios institucionales y de redes de esos repositorios de artículos científicos, lo que supone crear mecanismos de catalogación, preservación y descubrimiento, además de eventuales dinámicas de propagación más allá de los repositorios. La promoción de la

---

9   Ver Artículo 15 en Oficina del Alto Comisionado de las Naciones Unidas para los Derechos Humanos (OHCHR). 1966. *Pacto Internacional de Derechos Económicos, Sociales y Culturales* www2.ohchr.org/spanish/law/cescr.htm

ruta dorada, por su parte, permitirá la apertura de las revistas, nuevas formas de sostenibilidad para estos medios de difusión y la circulación de sus artículos fuera de ellas.

Finalmente, sería especialmente útil poder modificar los esquemas de circulación de los resultados de investigación que financia el Estado,[10] por ejemplo siguiendo estrategias que ya se usan exitosamente en políticas de la Unión Europea, Estados Unidos o incluso el Banco Mundial.[11]

Ahora bien, sería particularmente interesante ir más allá y promover políticas públicas regionales de diferente nivel para promover que los procesos de difusión en la modalidad de acceso abierto supongan también estrategias colectivas para dar valor agregado a los sistemas de visibilización de la producción, que permitan ofrecer índices regionales de medición de impacto, calidad, etc. Si se pudiera crear verdaderas ligas de conocimiento científico regional tendríamos más información propia y mecanismos regionales más confiables para desarrollar políticas locales que los que derivan de los actuales sistemas monopólicos internacionales privados. Es ambicioso promover un cambio de este tipo, que obligaría a pensar el problema desde varios ángulos, pero plantear la cuestión puede ser el primer paso para desarrollar otros paradigmas en el sector.

---

10 Estudios económicos han mostrado que incluso pequeños gestos que busquen aumentar el acceso a los resultados de investigación pueden producir beneficios sociales y económicos importantes. Por ejemplo, en 2006 un informe de Houghton y Sheehan sobre el impacto económico del acceso a resultados de investigación señala que "Considerando que el gasto bruto de EE.UU. en Investigación y Desarrollo (ERGE) es de USD312,5 mil millones y asumiendo unos beneficios sociales de I+D del 50%, un aumento del 5% en el acceso y la eficiencia hubiera sido equivalente a unos USD6 mil millones".

11 Sobre los proyectos mencionados de acceso abierto: Unión Europea en www. openaire.eu/es/open-access/mandates-a-policies, acceso público en la NIH de EE.UU en www.publicaccess.nih.gov/policy.htm y el caso del Banco Mundial en www.live.worldbank.org/bank-open-access-policy-development-liveblog

Las leyes de propiedad intelectual y la economía creativa: ¿cómo pueden la ciencia y la educación prosperar en la era digital en América Latina y el Caribe?

Georgia Gibson-Henlin[1]

La ciencia y la educación se ocupan de la búsqueda o la transmisión del conocimiento. Ambas cosas mejoran mediante el acceso a la información, a las personas y a las instituciones, porque ello permite la colaboración, la que, a su vez, aumenta y mejora el conocimiento. Por lo tanto, la capacidad de crear conocimiento y la de acceder a éste parecen ser impulsores claves de la prosperidad de la ciencia y la educación en América Latina y el Caribe (ALC).

Desde el punto de vista legal, los resultados de la investigación científica y el material educativo están sujetos al derecho de los creadores a decidir quién puede usar sus obras y con qué condiciones. Aunque durante un período limitado, esos derechos son exclusivos y gozan de la protección de tratados internacionales[2] y leyes nacionales de propiedad intelectual, por ejemplo,

1   Abogada con más de diez años de experiencia en legislación sobre derechos de autor en la era digital, TIC y gobernanza de internet. Abogada registrada en las judicaturas de Jamaica y Ontario.

2   Convenio de Berna sobre la Ley de Propiedad Intelectual; Tratado Mundial sobre Derechos de Autor, de 1996, y Tratado de la OMPI sobre Interpretación o Ejecución y Fonogramas, de 1996; Aspectos de los Derechos de Propiedad Intelectual Relacionados con el Comercio (ADPIC, o TRIPS por la sigla en inglés)

la Ley de Propiedad Intelectual de Jamaica.[3] La justificación de esa restricción es que aumenta la creatividad. Pero a la vez hay excepciones legales a las leyes de propiedad intelectual, con el propósito de promover el acceso a la información en el nivel más básico, al permitir la transmisión del conocimiento, la investigación y el análisis, contribuyendo así a la creatividad en la ciencia y la educación.

Hoy en día se reconoce que la era digital y la economía creativa brindan muchas oportunidades para mejorar el conocimiento y la educación. Por ejemplo, internet apoya cada vez más una colaboración y una interactividad mayores. Además, la infraestructura está construida con el principio de extremo a extremo y parte de la base de que el acceso es posible para todo el mundo y desde cualquier lugar (siempre que se tenga un dispositivo). Sin embargo, con frecuencia se considera que las leyes de propiedad intelectual son incompatibles con la infraestructura tecnológica de la economía digital.

Al mismo tiempo, la tecnología que subyace a la red apoya la "libertad de acceso" y, curiosamente, esta característica fomenta la creatividad de manera similar a como lo hacen las restricciones que brindan las leyes de propiedad intelectual. Ello se debe a que la tecnología permite que todos los usuarios (incluso los titulares de los derechos de propiedad intelectual) creen o presenten sus contenidos en la red. Una característica extraordinaria de la era digital que beneficia tanto a los usuarios como a los titulares de los derechos es que la información se puede "copiar perfectamente y transmitir instantáneamente a todo el mundo".[4] En otras palabras, los titulares de los derechos no pierden las oportunidades de obtener un beneficio de su trabajo.

---

3   Ley de Propiedad Intelectual de Jamaica (1993)

4   Sharpiro, Carl y Hal R. Varian. 1999. *Information Rules. A Strategic Guide to the Network Economy.* Harvard Business School Press.

Las excepciones a las leyes de propiedad intelectual en tanto impulsos para la creatividad y la educación

Los derechos que las leyes de propiedad confieren para comunicar el trabajo al público, para copiar el trabajo y para hacerle adaptaciones existen en categorías particulares que están sujetas a tratados internacionales e incorporadas a las legislaciones nacionales.

Algunas excepciones a las leyes de propiedad intelectual impulsan la creatividad en la ciencia para así promover el acceso a la información que hace posible la transmisión del conocimiento, la investigación y el análisis. Por ejemplo, las excepciones de "uso lícito" tienen en cuenta la investigación o el estudio privado y la crítica o el análisis de una obra protegida.[5] Uno de los factores para establecer el uso lícito es "el propósito y el carácter del uso".[6]

El acceso a materiales protegidos por leyes de propiedad intelectual sigue siendo un área en disputa. Un argumento a favor de una interpretación flexible de una excepción educacional es que el costo de pagar por los derechos de cada estudiante a consultar una obra es un impedimento para la educación. Ello es particularmente cierto en lugares como el Caribe, donde el costo de la adquisición de los derechos para cada persona sería prohibitivo. La educación y la investigación científica se beneficiarían si la reproducción de material para la enseñanza y la investigación tuviera un costo menor.

Pero la restricción con propósitos educacionales es ciertamente muy exigua para la Ley de Propiedad Intelectual de Jamaica: "La propiedad intelectual (...) no se infringe mediante la copia durante el proceso de enseñanza o la preparación para la enseñanza, siempre que la copia la haga una persona que esté

---

5   Ibid – S. 53
6   Ibid – S. 54

brindando o recibiendo enseñanza y *que no se haga mediante un procedimiento reprográfico*".[7]

En la era digital, la información no se copia mediante "copia reprográfica". Se copia cada vez que la información se actualiza, se ve, se descarga o se comparte. Es así que internet ha sido descrita como "una fotocopiadora gigante y descontrolada".[8]

Los titulares de los derechos reaccionaron creando lo que algunos dirían que es un impedimento nuevo y mayor: incrustaron tecnologías de gestión de derechos digitales en sus obras. Estas medidas tecnológicas han recibido la protección de tratados internacionales, los cuales ya han sido incorporados a algunas leyes nacionales. El artículo 11 del Tratado de la Propiedad Intelectual de la Organización Mundial de la Propiedad Intelectual (OMPI) (1996), por ejemplo, exige que las partes contractuales implementen leyes que porporcionen recursos legales efectivos contra la infracción de las medidas tecnológicas efectivas que los autores usen en relación con el ejercicio de sus derechos". El artículo 12 del mismo tratado exige que se establezcan recursos legales contra las personas que quiten "información electrónica de gestión de derechos" o que distribuyan obras protegidas a sabiendas de que se ha quitado la información electrónica de gestión de derechos. Jamaica firmó el tratado en 2002, pero aún no lo ha incorporado a la legislación nacional. En otras jurisdicciones (por ejemplo, en Estados Unidos), las disposiciones del tratado se han integrado a las leyes nacionales.

---

7   S. 56 [el énfasis es nuestro]. S. 2 define "procedimiento reprográfico" como "un procedimiento (a) para hacer copias en facsímil o (b) que supone el uso de un aparato para hacer múltiples copias y, en lo relativo a obras guardadas en formato electrónico, incluye cualquier tipo de copia por medios electrónicos."

8   Sharpiro, Carl *et al.*, op. cit.

La experiencia de Jamaica

Pese a las pocas excepciones referidas a material de enseñanza del nivel más básico incluidas en los tratados y las legislaciones, las leyes de propiedad intelectual no parecen ser el principal factor inhibidor del crecimiento y el desarrollo de la ciencia en la era digital en Jamaica. Los datos de que se dispone indican que, más allá de los títulos dominantes en ciencia de niveles secundario y terciario, se hace poco y ningún énfasis en la investigación y el desarrollo. Hay pocos proyectos nacionales de investigación y desarrollo y poca investigación de postgrado o postdoctorado en ciencias. Además, se destaca la pequeña cantidad de patentes nacionales registradas, como indicador de que el trabajo en el área de investigación y desarrollo en ciencia y tecnología en Jamaica es escaso.

No obstante, los datos de la Oficina de la Propiedad Intelectual de Jamaica indican que hay más investigación y desarrollo nacionales que lo que los registros de patentes permiten suponer, porque una gran cantidad llegan para el registro como patentes "extranjeras". Ello se debe principalmente a la falta de disponibilidad del apoyo de inversiones nacionales, lo que lleva a los científicos a colaborar con socios inversores extranjeros para completar la investigación y el desarrollo y, en algunos casos, para explotar la patente. En Jamaica, el mayor impedimento para la investigación es la falta de apoyo financiero y de inversión, no los sistemas de patentes.

Apoyo institucional y estatal fuerte: las oportunidades en la era digital

La aparente falta de incentivos que presentan las restricciones a la copia establecidas por las leyes de propiedad intelectual también puede paliarse mediante un enfoque verticalista, mediante un fuerte apoyo institucional y estatal a la adopción e implementación de políticas abiertas y enérgicas de tecnología de la información y la comunicación (TIC).

El gobierno de Jamaica brinda un ejemplo de apoyo estatal fuerte a las TIC en la educación, y estableció una infraestructura sólida de gobierno electrónico que incluye un componente educacional. La e-Learning Jamaica Company Limited (e-LJam), un organismo del Ministerio de Ciencia, Tecnología, Energía y Minería, se formó en 2005 y su misión es brindar apoyo a la incorporación de la TIC en las escuelas en toda Jamaica. En 2013, e-LJam firmó un contrato de dos años con una entidad del Reino Unido para brindar sin costo libros de texto en la red a los estudiantes que vayan a rendir los exámenes finales de educación secundaria. La misión de e-LJam incluye también proveer equipos, aplicaciones y programas, "así como la creación de materiales educacionales digitalizados de once materias para todos los institutos de enseñanza secundaria de la isla".[9] Sin embargo, una de las dificultades que enfrenta el programa es que sólo hay acceso a los equipos en los institutos.

Otro ejemplo de apoyo institucional fuerte lo brinda el profesor Gordon Shirley, el rector de la Universidad de las Indias Occidentales (UWI) en el campus de Mona. Shirley adoptó la idea de su equipo de promover un programa de libros electrónicos para la facultad de Ciencias Médicas y ha tomado la audaz medida de lanzar el programa denominado UWI Total Electronic Book Solution Tablet (TEST), por el cual se entrega una tableta para la lectura de libros electrónicos a cada estudiante) durante el año académico 2013-2014 para que la Facultad pase a una plataforma de aprendizaje electrónico. El programa permitirá a todos los estudiantes de medicina el acceso a los libros que necesitan. No cabe duda de que esta medida cambiará la manera en que se imparte la educación en la Facultad de Medicina y, en un futuro cercano, en toda la universidad. El programa también

---

9   "Free online Textbooks for CXC Students" 13-03-13 *Jamaica Observer* www.jamaicaobserver.com/NEWS/Free-online-textbook-for-CXC-students_13833562

prevé la colaboración entre las bibliotecas electrónicas de los tres campus de la UWI.[10] Ello es una ventaja importante porque ahorra a los estudiantes los importantes costos de adquirir libros impresos. La única restricción, y es un precio pequeño a pagar, es que los estudiantes deberán cerciorarse de cumplir las leyes de propiedad intelectual y las advertencias incrustadas en el programa por el proveedor.

---

10 Trinidad, Barbados y Jamaica, incluso las sucursales de biblioteca en cada campus.

Reflexiones sobre el mundo digital y los desafíos que tenemos por delante

Cosette Castro[1]

Es verdad que el mundo digital puede atraer buenos negocios, posibilitar la capacitación de personas, ofrecer nuevos empleos, así como estimular la innovación y el desarrollo de productosy de nuevas investigaciones en las que participen diversas ciencias. Pero esto puede ocurrir siempre y cuando haya políticas públicas claras y transparentes, propuestas en conjunto con la academia, con los movimientos sociales, con las micro, pequeñas y medianas empresas, y no solamente con el apoyo de los grandes conglomerados, sean ellos de comunicación, de telecomunicaciones o de otras áreas. Cuando pensamos en políticas públicas para las industrias de contenidos digitales interactivos, y en cuáles son los espacios para la participación ciudadana en el mundo digital, tenemos que saber cómo es la región en la que estamos pensando.

Si las políticas públicas no son pensadas como un espacio de inclusión social y desarrollo sostenible, pueden dar lugar a que aumente la brecha digital entre aquellos que tienen acceso y se apropian de esos nuevos conocimientos y la gran mayoría de los habitantes de la región, que todavía no fueron alfabetizados digitalmente, que utilizan tecnologías precarias, como celulares de prepago, televisión y radio con señal analógica, y que

---

[1] Profesora e investigadora de la Universidad Católica de Brasilia, Brasil. Coordinadora del Grupo de Trabajo de Contenidos Digitales para la Sociedad de la Información del Plan e-LAC 2015.

no están en condiciones de pagar banda ancha (cuando el país cuenta con infraestructura) ni tampoco de utilizar internet.

Contenidos digitales refiere a todo material de audio, video, texto o datos que circulan en plataformas o dispositivos digitales tangibles, como teléfonos celulares, computadoras, televisión digital terrestre, radio digital, videojuegos o cine digital. Esos contenidos digitales que circulan en dispositivos tangibles llegan a millones de personas a partir de una plataforma intangible que existe solamente en el mundo digital: internet.

Además, esos contenidos (sean informativos, de entretenimiento, de expresión ciudadana, dedicados a diversos temas, como salud, deporte, cultura o educación a distancia) pueden circular a través de distintas plataformas tecnológicas al mismo tiempo, como computadoras, celulares, televisión digital abierta, radio digital, videojuegos en red, ampliando la idea de que solamente las computadoras –y más recientemente los celulares– colaborarían con el acceso a la información y a la inclusión social y digital en la región.

Usuarios y productores de contenidos digitales en América Latina y el Caribe

En ALC todavía somos compradores de contenidos digitales, así como somos compradores de las plataformas tecnológicas que se usan para crear o utilizar contenidos digitales. Más aún, compramos acceso a internet, una red frágil y cara en toda la región, pues hay pocas políticas regionales planteadas para ofrecer, por ejemplo, acceso gratuito a la población (urbana o rural) en espacios públicos abiertos o cerrados.

Los materiales creados por quienes desarrollan contenidos dan lugar a espacios de creación, producción y circulación que van mucho más allá de los que proponen las empresas de comunicación. Esto es así porque esos contenidos circulan a través de la participación ciudadana (individual o en movimientos organizados) bajo la forma de fotos, videos, notas informativas, comentarios, burlas o ironías, desplazando el lugar "instituido" de los medios de comunicación tradicionales. El periodismo ciudadano, una versión moderna y virtual de la comunicación popular y comunitaria de los años 70 y 80 del siglo XX, busca visibilidad en los medios de comunicación digitales, y nos enseña que otra forma de comunicar es posible, y que se puede llegar a millones de personas a la vez, ofreciendo distintas miradas sobre el mundo.

El pasaje del mundo analógico al digital –momento que vengo llamando metafóricamente desde 2008 "estadio del puente"– puede ocurrir de diferentes maneras e insertarse en el medio social dependiendo del interés del gobierno de apostar en las tecnologías de la información y de la comunicación (TIC) como algo más que la tecnología en sí misma. Las TIC y el desarrollo de una industria de contenidos digitales en la región pueden orientarse a facilitar la vida de los ciudadanos a través de servicios digitales. Por ejemplo, aplicaciones para concertar visitas al médico, pagar impuestos, utilizar servicios bancarios, o para aprender nuevas habilidades y actualizarse profesionalmente mediante la educación a distancia por televisión abierta, por videojuegos en red o por celulares, y de forma gratuita.

Pero más allá de las políticas públicas que se planteen, para que dicho pasaje ocurra también es necesario que los ciudadanos logremos salir de nuestras "zonas de confort" y observemos nuestros discursos y prácticas cotidianas. Ese ejercicio de observación nos ofrece una sorprendente visión sobre cómo los tomadores de decisión, funcionarios públicos, políticos, artistas, profesores e investigadores, entre otros, naturalizan el discurso de que la población es solamente usuaria o consumidora de tecnologías digitales. Vistiendo la "piel de usuarios" (poco participativa y nada proactiva) muchos de nosotros siquiera nos damos cuenta de que producimos contenidos digitales diariamente, aunque sea solamente para comentar situaciones cotidianas a amigos, familiares o compañeros de trabajo.

En contraposición al constante estímulo a la compra y al consumo, las ofertas de creación compartida de contenidos digitales y de aplicaciones y servicios en software libre se amplían cuando hay mayor acceso y cuanto más se usan los distintos dispositivos tecnológicos. Ese movimiento mundial, que empezó con la creación colaborativa de conocimiento en la plataforma Wikipedia a fines de los años 90, se expande con las propuestas de uso y apropiación de aplicaciones y contenidos de Creative Commons y del *copyleft*. Se expande también merced a las prácticas de la gente de a pie, a partir de la oferta de música gratuita, por ejemplo, y crece con la circulación de películas, videos, series y nuevas narrativas audiovisuales que circulan (aunque de manera temporaria) gracias la participación de las audiencias. Además, gana otras proporciones si pensamos en la economía colaborativa o de la cooperación y en las experiencias de *crowdfunding*.

Aunque la mayoría de los profesores, intelectuales y periodistas no lo sepa, solamente en Brasil hay más de 30 mil páginas de jóvenes escritores que publican diariamente en sitios web o blogs, y un número desconocido de productores independientes de videos cortos para celulares, de narrativas interactivas para videojuegos, de series o de películas cortas para televisión digital abierta o para televisión sobre protocolo de internet, etc. Por otro lado, hay una cantidad importante de educadores, investigadores, periodistas y padres que, desde sus zonas de confort, continúan el discurso del mundo lineal y analógico, muchas veces sin tener en cuenta las nuevas situaciones.

Olvidan, no conocen (o se niegan a reconocer) a los 15 mil desarrolladores de contenidos, aplicaciones y servicios gratuitos para televisión digital abierta utilizando el *middleware* Ginga que desarrollan software en código libre en ALC, cuyas soluciones pueden ser utilizadas gratuitamente por la población, por movimientos sociales, por las universidades, por las empresas o por los gobiernos. Además de la falta de conocimiento sobre esas creaciones colaborativas desde internet, se mantiene la idea de que la televisión es la gran malvada, y la causa de nuestros males sociales. Sin embargo, somos a la vez una región de cultura audiovisual, y no de cultura impresa, como querrían nuestros sabios, maestros e intelectuales.

Mientras los intelectuales, profesores, investigadores y maestros de distintas áreas sigan con el discurso sobre cómo podríamos o deberíamos ser, pierden la posibilidad de aprovechar la habilidad manifiesta en la región para el audiovisual y las oralidades. Estas habilidades podrían aprovecharse para desarrollar la televisión pública interactiva, o para aprovechar los recursos de la multiprogramación (un mismo canal se divide en otros subcanales), para ofrecer más diversidad de contenidos a las audiencias.

La participación en redes sociales va mucho más allá de la sola interacción interpersonal. Desde hace por lo menos diez años, los fans de series, historietas, telenovelas, de películas o de libros trasformados en historias audiovisuales pasaron a crear sitios web donde amplían las historias originales. Solamente la historia de Harry Potter ha generado 21 mil páginas de historias (o sub historias) nuevas, conocidas como *fanfics*. Por ejemplo Hermione, la inteligente niña amiga de Harry Potter, ha ganado familia y hermanos no por idea de la autora de la serie, sino a partir de una creación de sus fans. Además, esas *fanfics* que expanden las narrativas de los principales personajes pueden usarse en varios dispositivos digitales.

¿Qué significa todo eso? Además de pasar del mundo analógico al mundo digital, de poder utilizar distintos dispositivos tecnológicos que, con ayuda de internet, nos conectan al mundo en segundos, también estamos ante el desafío de abandonar la condición de consumidores de contenidos digitales y pasar a ser productores de todo tipo de contenidos, sea para el periodismo (contenidos informativos), para el entretenimiento, para la cultura, para la educación a distancia, los deportes, el medio ambiente o para la salud.

Tenemos por delante el reto de producir contenidos para uno o varios canales de televisión pública digital, por ejemplo para las televisoras gubernamentales, los canales educativos, universitarios, comunitarios o legislativos. Otro desafío es ofrecer nuevas experiencias narrativas a los pueblos de ALC, incorporando las que ellos mismos han desarrollado.

Junto a lo anterior, un proyecto tan grandioso debe contemplar:

- La interactividad, para que las audiencias puedan interactuar gratuitamente con los canales de televisión, mediante el control remoto.
- La portabilidad y la movilidad de los dispositivos.
- La accesibilidad, para que las audiencias con distintos niveles de necesidades especiales puedan utilizar las tecnologías digitales.
- La usabilidad de los dispositivos para los distintos públicos y niveles de alfabetización digital.
- La interoperabilidad en los dispositivos.
- La garantía de la gratuidad de los servicios para incluir a todos los grupos sociales.

Consideraciones finales

Uno puede imaginar que, alcanzados esos puntos (y con un presupuesto adecuado para realizar todas las cuestiones pendientes), tendremos todo listo. Desafortunadamente no es así.

Ese es un proyecto mucho más grande que requiere de la participación de diversas disciplinas. Es el caso de la infraestructura de banda ancha, del involucramiento de la industria para producir dispositivos y aparatos de televisión que permitan la interacción y la convergencia de medios, u ofrecer a la población de ALC cajas de conversión para TV digital a bajo costo. Esa decisión se toma entre gobiernos y empresas, pero debería incluir la participación y el acompañamiento de los distintos grupos sociales.

También es necesario realizar campañas públicas sobre los beneficios de la televisión digital abierta y gratuita, de la interactividad mediante el uso del control remoto, o sobre cómo subir contenidos a los canales de televisión. Además, es necesario incentivar la convergencia de medios.

Al mismo tiempo es necesario formar a los formadores. Es decir, plantear nuevos currículos universitarios que incluyan temáticas digitales más allá del uso de la computadora. Los profesores e investigadores necesitan actualizarse y abandonar el conocido discurso de que "la culpa es del gobierno y de las grandes corporaciones". Es hora de tener un rol más activo, presentar proyectos de investigación conjuntos entre distintas provincias de un mismo país y entre distintos países de la región.

Este es un momento histórico para ALC, para conocer cuántos profesores e investigadores están estudiando las nuevas posibilidades de trabajo en diferentes plataformas tecnológicas, para saber más sobre las nuevas profesiones en el mundo digital, cuántos están estudiando y realizando experiencias en nuevas narrativas, transmedios e interactividad, cuántos poseen proyectos que integran distintas ciencias (tecnologías de la información, ciencias de la información, ingeniería, diseño, artes, educación, etc.) Y, a partir de eso, plantear políticas públicas de corto, mediano y largo plazo.

5

PRIVACIDAD

¿Está muerta la privacidad? Propuestas para una reflexión crítica sobre la protección de la privacidad en la era de internet

Claudio Ruiz[1]

Internet ha cambiado las maneras en que nos comunicamos, interactuamos, accedemos a la cultura y a la información. Ha cambiado, de buena forma, cómo nos enfrentamos al mundo. Estos cambios, que en muchos casos suponen buenas noticias (acceso, conectividad, inmediatez), en otros casos suponen conflictos y problemas desde la óptica de los derechos. Particularmente, serán las formas tradicionales de entender y tratar los derechos de propiedad intelectual y los derechos vinculados con la privacidad las más afectadas por estas nuevas dinámicas y prácticas derivadas de las nuevas tecnologías de la información y la comunicación (TIC).

En el caso de los derechos vinculados a la vida privada, la masificación de las TIC ha supuesto la renovación de antiguas preguntas y la aparición de otras nuevas, vinculadas básicamente a las nuevas posibilidades relativas al tratamiento de la información personal de los ciudadanos a través de estas plataformas. Mientras que los derechos relacionados con la privacidad parecían verse agotados con el asegurar el derecho a estar solo o el derecho a la no intrusión del Estado, la extensión del uso de las TIC parece enfrentarnos a antiguas preguntas sobre al alcance

---

1   Director ejecutivo y fundador de la ONG Derechos Digitales en Santiago, Chile. Consejero del Consejo Nacional de nombres de dominio y números IP, y coordinador regional para América Latina de Creative Commons.

de la privacidad y lo privado, pero también a otras nuevas, relativas al consentimiento para el procesamiento de información personal por terceros. De hecho, los términos más usados en los textos consitucionales de la región para referirse a lo privado en oposición a lo público son "vida privada" o "intimidad", y hay quienes consideran "privacidad" un anglicismo inaceptable.

En particular, la masificación de las redes sociales debe ser uno de los desafíos más importantes que ha enfrentado la privacidad en los últimos años. En la era pre-digital existían una serie de prácticas que se encontraban confinadas al núcleo familiar o bien a un círculo delimitado de confianza, como compartir recuerdos o hablar de las relaciones sociales. Las plataformas sociales han cambiado la forma en que dichas prácticas se reproducen, estas ya no se restringen a aquellos espacios de confianza, sino que ahora los mensajes personales circulan en grupos con intereses colectivos. A través de estas nuevas prácticas los contornos que separan lo privado y lo público se hacen cada vez más difusos.

Adicionalmente, acuerdos regionales o bilaterales de comercio han supuesto otro cambio en la forma en que enfrentamos la privacidad desde el punto de vista normativo, especialmente en cuanto al manejo de los datos personales. Desde esta perspectiva de análisis, la región América Latina y el Caribe (ALC) ha sido un campo fértil para la experimentación y para la adaptación de esquemas normativos foráneos, sea a través de la adopción de criterios europeos, o través de la aceptación de estándares más difusos, como los de Estados Unidos. La privacidad en la región es más bien un concepto lleno de espacios, grietas y rendijas que han permeado toda clase de abusos y de pereza legislativa. El resultado final es un estándar insuficiente de protección y, lo que es aún más grave, la carencia de una reflexión desde la región acerca de los aspectos más problemáticos de la privacidad en el siglo veintiuno.

Dada la masificación de estas prácticas sobre la información personal, ¿será que la privacidad como la conocemos se encuentra en fase terminal? ¿Será que debemos abandonar la idea de un derecho a la vida privada, reformular el concepto, o bien dedicarnos a abordar los nuevos riesgos que esta enfrenta? ¿Será que los derechos vinculados al tratamiento de la información personal por parte de terceros debieran ser reconceptualizados a la luz de los cambios paradigmáticos de las nuevas tecnologías? ¿Será que es hora de hablar de nuevos conceptos e inventar nuevas asociaciones para saber qué es necesario proteger? ¿O será que los instrumentos internacionales de derechos humanos nos pueden dar pistas y orientaciones para hacer este análisis crítico sobre la privacidad en la era de internet?

Tal vez las pistas para responder a dichas preguntas estén dadas por las apuestas normativas a las que ALC se ha visto enfrentada. Tal vez podamos encontrar otras pistas en las dinámicas y en las prácticas locales, y en las reflexiones a partir de esas prácticas. Si el concepto de privacidad, al menos como lo entendíamos antaño, está muerto o debe ser reconceptualizado, la respuesta tal vez se encuentre al explorar cómo hemos entendido el concepto de privacidad, en cada país y en la región, a la luz del desarrollo de los derechos fundamentales.

¿Está muerta la privacidad? Algunas reflexiones a modo de respuesta

Carlos Gregorio de Gràcia[1]

La primera pregunta a abordar es si los derechos mueren. La respuesta no es fácil, al menos desde una perspectiva jurídica. Hoy todos creemos que la esclavitud (en tanto derecho de propiedad sobre una persona) está muerta. Sin embargo en Brasil, por ejemplo, el Tribunal Superior de Trabalho sigue recibiendo causas por trabajo esclavo. Por otra parte, cuando se abolió la esclavitud en Brasil no bastó una decisión legislativa: el entonces ministro de Justicia Rui Barbosa mandó a quemar los libros que contenían los registros de propiedad de los esclavos, en la llamada *Queima dos Arquivos da Escravidão*.[2] Esto muestra que los derechos no solo se apoyan en las formalidades legales, las costumbres, o la administración de justicia; otros elementos como las bases de datos y la información tienen un papel muy relevante en su existencia.

Por eso, para poder hablar de una eventual muerte de la "privacidad", es pertinente preguntarse cómo nació el derecho a la

---

1   Investigador y consultor del Instituto de Investigación para la Justicia, Uruguay.

2   Este hecho (la quema de los archivos de la esclavitud), ocurrido en 1891, independientemente de la controversia sobre su fundamentación señala que existe una estrecha relación entre los "registros" y los derechos, entre su existencia y su vigencia, y que no es posible garantizar ciertos derechos si se mantiene una base de datos activa, y viceversa. Por esta razón, no basta mirar las leyes sobre privacidad y su vigencia, sino que también es necesario analizar qué datos personales se registran y con qué finalidad.

privacidad. Podemos identificar dos nacimientos: uno en los EE.UU., con los trabajos de Warren y Brandeis en la década de 1890, para proteger fundamentalmente la intimidad sexual. La llamada *privacy* no está contemplada en la Constitución de los EE.UU., por lo que ha sido modelada por la Suprema Corte a través de una serie de sentencias, la mayoría de ellas relacionadas con casos donde los hechos refieren a la sexualidad. Para dar un ejemplo reciente, una decisión en Vernonia School District v. Wayne Acton et ux. 515 U.S. 646 (1995) entiende que los atletas tienen una menor expectativa de privacidad precisamente por el grado de desnudez con que intervienen en los deportes.

A su turno, la privacidad también nace en Europa, esta vez bajo la forma de la protección de los datos personales. El motivo subyacente es un hecho histórico: el exterminio de judíos, gitanos y otros grupos determinados de personas que emprendieron los nazis en Alemania, utilizando los datos del censo para identificarlos. De allí aprendieron los alemanes que la única protección de los ciudadanos en el futuro, ante nuevas concentraciones de poder, era evitar de raíz la acumulación de datos personales. Esta percepción de la protección de los datos personales como un derecho fundamental se extiende por toda Europa.

No es extraño entonces que la primera ley latinoamericana de protección de datos se sancionara en Argentina en 1994, como consecuencia de la inclusión del habeas data en una reforma constitucional. El movimiento de protección de datos personales en Argentina podría relacionarse con las prácticas de exterminio de la dictadura militar (1976—1983). El gobierno dictatorial, aparte de disponer de todos los datos que se acumulaban bajo el nombre de "inteligencia del Estado", cuando capturaba una persona utilizaba sus agendas telefónicas para investigar y capturar a otros contactos que allí figuraban.

Desde el punto de vista de la sociedad de la información, el paradigma de la *privacy* de los EE.UU. ha quedado descolocado, pues hoy la sexualidad no es mas un tabú como en 1890 y el tema sexual se hace público sin un reproche generalizado.

También es cierto que la protección de datos personales concebida como derecho fundamental en la tradición del modelo europeo es más adecuada para resolver los problemas de la sociedad de la información. Ante un flujo de datos sensibles sin ningún tipo de control y protección, el riesgo fundamental que quiere evitarse es la discriminación con fines injustos.

Esto puede verse si se analiza con cuidado la legislación más reciente sobre protección de datos de salud de EE.UU.[3] que, podría decirse, ha tomado el paradigma europeo de protección de datos y ha dejado muy lejos el concepto del derecho a ser dejado solo de la tradicional *privacy*.

En la visión europea la protección de datos es uno de los derechos comprendidos por la libertad de expresión. Esta libertad incluye en primer lugar el derecho a expresarse, pero también el derecho a no expresarse (también llamado autodeterminación informativa, que es equivalente al derecho de protección de datos), así como el derecho de audiencia. Las implicaciones de la libertad de expresión pueden "enfocarse en quien habla" versus "enfocarse en la audiencia"; el derecho de audiencia atiende al interés de proveer a los ciudadanos de un amplio acceso a puntos de vista conflictivos y a asuntos poco corrientes, no solo porque quienes tienen ideas disruptivas tengan derecho a ser oídos, sino porque la sociedad tiene un especial interés en oírles.[4] Esta visión más actual de la libertad de expresión no refuerza el derecho de expresar ideas excéntricas, sino que prioriza el derecho de todos los ciudadanos a acceder a todas las ideas, en especial las que no coinciden con su forma de pensar.

Cuando se analizan los riesgos actuales resulta obvio que la privacidad y la protección de datos están siendo atacadas, pero

---

3   Privacy Act 5 U.S.C. § 552a, 45 CFR 160.103, Subpart E—Privacy of Individually Identifiable Health Information § 164.501 y fundamentalmente HITECH Act TITLE XIII- Subtitle D—Privacy - SEC. 13400

4   Tushnet, Rebecca. 2008. "Power Without Responsibility: intermediaries and the First Amendment". *76 Geo. Wash. L. Rev. 101* (2008) www.ssrn.com/abstract=1205674

no pueden morir, porque sin estos derechos seríamos mucho más vulnerables a ser discriminados (en el empleo, en el acceso al crédito, a los seguros o a la salud) sin ningún tipo de protección.

En el contexto del actual desarrollo de la sociedad de la información varios derechos están amenazados de muerte: en primer lugar el derecho al anonimato y a la expresión anónima, ya que la cantidad de datos que circulan ha dado lugar a la aparición de algoritmos matemáticos capaces de desanonimizar bases de datos. Estudios con bases de datos de prescripciones médicas han determinado que la probabilidad de desanonimizar datos de un paciente a partir del código postal y la fecha de nacimiento es de 69%, y si el paciente es mayor de 60 años esta probabilidad sube a 95%.[5]

La libertad de expresión también está en riesgo. Si bien es posible expresarse con más libertad, es muy difícil encontrar opiniones diversas, ya que la mayoría de las veces se sigue a una persona conocida mientras que los desconocidos continúan difícilmente accesibles. En este sentido la denominada "burbuja Google" atenta contra el derecho de audiencia, porque hace que los resultados de la búsqueda respondan a criterios de búsquedas anteriores, y elimina aquellos que podrían ser alternativos al pensamiento propio.

La protección de datos personales también está en riesgo, no necesariamente por los desarrollos tecnológicos, sino por las decisiones judiciales tanto en Europa como en las Américas, pues se ha instalado el criterio del "interés público predominante" para calificar un dato personal como "no protegido". En 2001 el Comisionado de Privacidad de Canadá determinó que el nombre de un médico en una prescripción médica no es un dato personal protegido. En el mismo sentido, la Suprema Corte de EE.UU. consideró que existe un "interés corporativo pre-

---

5   Sweeney, L. 1997. "Weaving Technology and Policy Together to Maintain Confidentiality". *Journal of Law, Medicine & Ethics, 25, nos. 2&3*: 98-110, www.data-privacylab.org/dataprivacy/projects/law/jlme.pdf

dominante" para permitir el libre acceso a los nombres de los médicos.[6] Estas decisiones ampliaron el ya instalado concepto de figuras públicas –y su consecuente pérdida de privacidad– a las figuras parcialmente públicas, que incluirían al menos a los profesionales, si se extrapola el paradigma de los médicos en el ejercicio de sus funciones.

En América Latina el derecho a la protección de los datos personales ha seguido el camino europeo en Argentina, Uruguay, México, Perú, Colombia y Costa Rica. En otros países las leyes todavía están en evolución. Las agencias de protección de datos de la región son aún muy débiles. Por ejemplo, en Argentina se han aplicado solo 25 multas en más de 12 años de vigencia de la ley, mientras que en España esa cantidad puede encontrarse en un solo día. Irónicamente, podría decirse, el impulso para crear leyes de protección de datos fue incentivado por acceder al mercado de trabajo de los *call centers*,[7] más que por el desarrollo de un derecho fundamental (quizás con la excepción de México y Colombia).[8]

Si bien los ataques a los datos personales pueden venir tanto del Estado como de las empresas, los de las empresas son los más peligrosos. Esta afirmación suscita discusión –fundamentalmente porque los Estados manejan información sensible de los ciudadanos– sin embargo existe una diferencia cualitativa y es la existencia de leyes de acceso a la información gubernamental. En América Latina –con la excepción de Argentina– y

6   Sorrell v. IMS Health Inc., 23 de junio de 2011

7   Existen estudios que vinculan la expansión del mercado de *call centers* en Argentina a la certificación dada por la Comisión Europea como "nivel adecuado de protección" [Decisión 2003/490/CE]. En efecto las operaciones de un *call center off shore* (como por ejemplo las que derivan llamadas de un usuario en un país europeo a un centro de atención en Argentina) hacen un tratamiento de datos personales; una declaración de legislación equivalente daría a los usuarios las garantías de tratamiento.

8   Remolina, Nelson. 2013. "41 personas condenadas por el delito de violación de datos personales y 544 multas por infracción de la ley 1266 de 2008" 18-04-13 *Observatorio Ciro Angarita Barón* www.habeasdatacolombia.uniandes.edu.co/?p=980

en particular en México, las leyes de acceso precedieron a las de protección de datos, y han brindado a los ciudadanos la posibilidad de saber qué datos posee el gobierno. Téngase como ejemplo la destrucción en México de la base de datos RENAUT (Registro Nacional de Usuarios de Telefonía Móvil) ordenada por el Instituto Federal de Acceso a la Información y Protección de Datos para proteger la privacidad de los usuarios.[9] Paradójicamente, desde 2003 en Argentina existe una ley que establece el libre acceso a la información ambiental, que incluye a las empresas privadas.[10] En muchos casos los ciudadanos ignoran qué información sobre ellos poseen las empresas, y cómo y con qué finalidad está siendo utilizada. En este sentido, si no existe una autoridad garante de la protección de datos y si no se aplican sanciones económicas ejemplificadoras, ninguna empresa cambiará sus políticas.

En definitiva la protección de la vida privada y de los datos personales no está muerta, pero debe vivificarse. Eso depende de un discurso que sensibilice a los ciudadanos sobre lo necesario que son estos derechos para su vida cotidiana, y a las autoridades sobre el respeto de los derechos humanos y el estado de derecho.

---

9   "Destruye Segob bases de datos personales del Renaut" 15-06-12 *Proceso* www.proceso.com.mx/?p=311021

10   República Argentina. Ley 25.831 *Régimen de libre acceso a la información pública ambiental.* www.infoleg.gob.ar/infolegInternet/anexos/90000-94999/91548/norma.htm

El espionaje en internet en América Latina

Katitza Rodríguez[1]

Al desarrollo vertiginoso de la expresión en internet que hemos visto en la pasada década se suma ahora una explosión de la vigilancia de las comunicaciones. Las tecnologías pueden también abrir una caja de Pandora de intrusiones de los Estados con el fin de vigilar a la población que antes era inimaginable. Por ejemplo, internet y la telefonía celular ya no son plataformas en las que la comunicación privada esté a salvo de que los gobiernos sepan cuándo, dónde y entre quiénes ha ocurrido una comunicación. Las posibilidades que las nuevas tecnologías ofrecen para recopilar y analizar datos hacen que éstos se conviertan en señales de que uno está presente en la red. La Electronic Frontier Foundation (EFF)[2] considera que los metadatos (la información que registra las actividades individuales de comunicación) son tan confidenciales como el contenido de la comunicación y, por ende, merecen mayor protección en tanto derecho humano.

Por ello, a fines de 2012, EFF organizó un taller[3] en el que una diversidad de expertos, periodistas, abogados y activistas de todo el mundo, y en particular de América Latina y el Caribe,

---

1   Directora del Departamento de Derechos Internacionales de Electronic Frontier Foundation (EFF).

2   Organización sin fines de lucro que lucha por los derechos de las personas en internet y trabaja para que ésta siga siendo abierta y libre. Fundada en 1990, tiene un único y simple objetivo: lograr que se respeten los derechos de todas las personas en el mundo de la red.

3   State Surveillance and Human Rights Camp wiki.surveillancehumanrights.org/Electronic_Surveillance_And_Human_Rights_Camp

trazó un esquema de los problemas específicos que plantean la invasiva infraestructura de vigilancia estatal y el acceso de los gobiernos a los datos de las personas. Más que nada, se pudo conocer el papel crucial que desempeña el contexto –es decir, las historias y los conflictos políticos particulares, las expectativas socioculturales y el entorno creado por las políticas externas y domésticas– en la determinación de la manera en que se llevan a cabo los programas y las prácticas estatales de vigilancia. Ello incluye a quiénes y qué se puede vigilar, y la capacidad que los ciudadanos tienen de poner la vigilancia en tela de juicio. A pesar de que estas condiciones contextuales son dispares, algunas prácticas de vigilancia son comunes a toda América Latina y su existencia se repite en contextos muy diferentes.

La vigilancia en contexto

Si bien la mayoría de los gobiernos de los países de ALC son electos democráticamente, pocos cuentan con tradiciones de protección enérgica de la privacidad. La inestabilidad política intensa, las guerras internas y los regímenes militares hace tiempo establecieron culturas de vigilancia estatal en muchos países.[4] Colombia, Perú, México, Paraguay y otros países centroamericanos han sufrido múltiples guerras internas, como la guerra contra el terrorismo y la guerra contra las drogas, por nombrar sólo un par. Dichas guerras han creado un clima reaccionario y han generado una rápida expansión de la arquitectura de la vigilancia.

En el otro extremo del espectro, países como Argentina y Chile han soportado regímenes militares, pero no tuvieron que hacer frente a guerras contra las drogas o lidiar con conflictos con el terrorismo de manera tan intensa. No obstante, muchos de esos países, como por ejemplo Argentina, han establecido

---

4   "Vigilancia y derechos humanos" – *EFF* www.eff.org/issues/surveillance-human-rights

planes nacionales obligatorios de identificación personal y han almacenado la información en enormes bases de datos. En varios países de la región dichas bases de datos, que son vestigios de regímenes militares previos, son ahora "modernizadas" para recabar identificadores biométricos. En Colombia y Perú se ha adaptado tecnologías de vigilancia con el fin de silenciar a jueces y a ciertas manifestaciones de la oposición,[5] lo que demuestra la facilidad con que se puede subvertir el imperio de la ley en cualquier nación democrática que carezca de controles rigurosos.

Contextos diferentes para quienes tienen acceso a la tecnología

¿Por qué un gobierno decide vigilar a sus ciudadanos? ¿Qué límites y salvaguardas legales se han establecido? ¿Se los hace cumplir? ¿Cómo perciben los ciudadanos la vigilancia estatal y cómo reaccionan a ésta? Las respuestas a estas preguntas dependen de la circunstancia, por supuesto. Las realidades de los diferentes países difieren radicalmente. El problema se puede dividir en contextos diferentes para quienes tienen acceso a la tecnología y para quienes están del otro lado de la línea divisoria digital. Los activistas y las personas en entornos urbanos (blogueros, periodistas en general, empresas de noticias, activistas en internet), así como quienes trabajan en áreas rurales (activistas de asuntos indígenas, activistas ambientalistas, periodistas rurales y comunitarios) han advertido diferencias en las prácticas, las tácticas y los problemas de la vigilancia (especialmente en las áreas donde ocurren conflictos en torno a la minería y la extracción de recursos a gran escala). Muchos de los conflictos más violentos en Perú, México y América Central ocurren en zonas rurales, y con frecuencia en el contexto de la guerra contra las drogas. La atención extra intensifica la vigilancia, debido

5   "The Politics of Surveillance: The Erosion of Privacy in Latin America" Katitza Rodriguez 22-07-11 *EFF* www.eff.org/deeplinks/2011/07/politics-surveillance-erosion-privacy-latin-america

sobre todo a la ayuda exterior que se obtiene con estos fines.

El papel de Estados Unidos en las tecnologías de vigilancia en América Latina

Durante varios años, la Administración para el Control de Drogas de los Estados Unidos (DEA) ha estado brindando cooperación a los Estados latinoamericanos para fortalecer las fuerzas del orden de la región y las campañas de los organismos de inteligencia en el combate contra el tráfico de drogas. Dicha ayuda, provista en forma de tecnología para la vigilancia, ha sido usada en abusos de poder. Por ejemplo, el gobierno colombiano la usó para espiar ilegalmente a opositores políticos y activistas de los derechos humanos, en lugar de usarla para vigilar a los capos de la droga.[6] El escándalo de "las chuzadas" estalló en torno a los abusos contra la privacidad cometidos en 2009 por el ex presidente colombiano Álvaro Uribe y el organismo de inteligencia de Colombia, el Departamento Administrativo de Seguridad (DAS). A causa de ello, se sentenció a quien fuera jefe del DAS entre 2002 y 2005, Jorge Noguera, a 25 años de prisión por espionaje ilegal contra activistas políticos y por colaborar con escuadrones de la muerte paramilitares.

La filtración de cables diplomáticos estadounidenses arrojó luz sobre el programa de la DEA de vigilancia de las comunicaciones.[7] En los casos de Paraguay y Panamá, la DEA presionó al gobierno de Estados Unidos para que autorizara el uso de estas tecnologías con el fin de espiar a grupos de izquierda, en operaciones que no tenían relación con las investigaciones antinarcóticos.

---

6   "U.S. aid implicated in abuses of power in Colombia" Karen DeYoung y Claudia J. Duque 20-08-11 *The Washington Post* www.washingtonpost.com/national/national-security/us-aid-implicated-in-abuses-of-power-in-colombia/2011/06/21/gIQABrZpSJ_story.html

7   Véase la nota 3.

Los principales desafíos en América Latina

Poner en tela de juicio el supuesto de que vigilancia equivale a seguridad

En muchos contextos regionales, la población civil ha aceptado de buen grado la introducción de nuevas medidas de seguridad al suponer erróneamente que las medidas que más violan la privacidad conducen naturalmente a más seguridad. En países como Guatemala, grupos de la sociedad civil han propugnado incluso leyes que se oponen a las protecciones básicas de la privacidad[8] como, por ejemplo, una ley que exige que los teléfonos celulares estén registrados. En México varios grupos apoyaron firmemente[9] un proyecto de ley de geolocalización que permite a las autoridades rastrear datos de localización sin orden judicial.[10] Algunos de los asistentes al taller sobre vigilancia y derechos humanos organizado por EEF[11] señalaron que, con demasiada frecuencia, el público no cuestiona la vigilancia que el gobierno y el sector privado llevan a cabo, y muchas personas simplemente aceptan esas actividades sin cuestionarlas.

Las fuerzas del orden que abordan a los proveedores de servicios sin la autorización exigida por la ley

Una preocupación creciente es la cantidad de funcionarios policiales que eluden la ley al pedir a los proveedores de servicios que simplemente entreguen información de sus clientes sin ningún tipo de orden judicial. Aun cuando existen procedimientos

---

8   "Organizaciones piden norma para registro de celulares" Paola Herrera 12-01-12 *PrensaLibre.com* www.prensalibre.com/noticias/Piden-norma-registro-celulares_0_626337376.html

9   "Ley de Geolocalización" 28-03-12 *Mexico SOS* mexicosos.org/news/ley-degeolocalización

10   "La 'ley de Geolocalización' permitirá 'rastrear' a usuarios de celular" Leonardo Peralta 27-03-12 *CNN México* www.mexico.cnn.com/tecnologia/2012/03/27/la-ley-de-geolocalizacion-permitira-rastrear-a-usuarios-de-celular

11   Ver la nota 2.

legales, tales como una orden de allanamiento, es cada vez más común que la policía exija información sin obtener previamente una autorización legal. Aun así, la policía suele pretender un total acatamiento por parte de los proveedores de servicios.

Chile

En 2008, la Brigada investigadora del cibercrimen de la Policía de Chile se puso en contacto con el sitio web chileno Huelga.cl. El sitio es un espacio en la red para la coordinación de acciones sindicales. El organismo exigió que el administrador del sitio entregara datos relacionados con cuentas de usuarios que usan seudónimos, tales como sus direcciones IP, los registros de conexiones previas, sus nombres verdaderos y sus direcciones físicas. Los usuarios a quienes se investigaba habían hecho comentarios en un sitio web acerca de una huelga que se estaba llevando a cabo.

En este caso, dado que la policía no contaba con una orden judicial que sustentara la solicitud, Huelga.cl se resistió a la presión policial y se negó a entregar los datos sin ofrecer resistencia. En procura de asesoramiento legal, Huelga.cl recurrió a Derechos Digitales, una organización chilena en internet sin fines de lucro, y así lograron resistir a la solicitud.

En otro caso, el Director Regional del Trabajo de Chile, funcionario del organismo responsable de garantizar el cumplimiento de las leyes laborales, envió una carta a Huelga.cl en la que simplemente exigía que se quitara "contenido inapropiado" del sitio web, además de exigir que se revelaran datos de los usuarios,[12] si bien señalaba que era sólo con fines administrativos y no para una investigación de delitos graves. Huelga.cl volvió a rehusarse a acatar y, en lugar de ello, hizo públicas[13] las exigencias de la autoridad.

---

12   "Respuesta al Director Nacional de Trabajo" 17-09-10 www.derechosdigitales.org/wp-content/uploads/Respuesta-a-DT.pdf

13   "Huelga.cl resiste presión de Dirección del Trabajo por entregar información de usuarios" 20-09-10 *ONG Derechos Digitales* www.derechosdigitales.org/2010/09/20/huelga-cl-resiste-presion-de-direccion-del-trabajo-por-entregar-informacion-de-usuarios/

No siempre ocurre que los proveedores de servicios puedan oponer resistencia a las solicitudes gubernamentales al margen de la ley; tampoco obtienen asesoramiento legal o acceden a recursos económicos suficientes para luchar contra esas exigencias como lo hizo Huelga.cl. Es loable que Huelga.cl haya denunciado y haya logrado hacer pública la solicitud de las autoridades policiales.

Los gobiernos presionan al sector privado

Los gobiernos suelen imponer sanciones económicas onerosas al desacato de sus solicitudes de acceso a datos. Esta forma de coerción funciona como un mecanismo de imposición sobre los proveedores de servicios, y suscita graves inquietudes respecto a la libertad de expresión. Al proveedor de servicios no le quedan muchos incentivos ni muchas opciones para resistirse a las solicitudes ilegítimas del gobierno cuando éste lo amenaza con multas gravosas.

Brasil

En 2012, un juez del norte de Brasil congeló las cuentas de Google e impuso una multa a la empresa porque se rehusó a retirar tres blogs anónimos y a revelar los detalles de contacto de los blogueros.[14] En los blogs se acusaba al intendente de Varzea Alegre de corrupción y desfalco.[15]

Aunque algunas empresas podrían ser capaces de resistir la presión gubernamental, se ha alertado que no será ése el caso de las empresas más pequeñas que carecen de recursos e influencia. Ello es especialmente cierto en contextos en los que la legislación prevé multas onerosas al desacato, y en los que a las

---

14   "Juiz determina bloqueio de R$ 225 mil da Google" 19-08-11 *Diário do Nordeste* www.diariodonordeste.globo.com/materia.asp?codigo=1028611

15   "Google fined in Brazil for refusing to reveal bloggers' identities" Anna Heim 20-08-11 *The Next Web* www.thenextweb.com/la/2011/08/20/google-fined-in-brazil-for-refusing-to-reveal-bloggers-identities

empresas no se les brindan vías legales para apelar la multa u oponerse judicialmente a ésta.

El acceso por parte de gobiernos extranjeros a datos personales en la nube

Los gobiernos procuran cada vez más negociar con empresas que no están dentro de su jurisdicción el acceso a los datos de los usuarios o la posibilidad de interceptarlos. Este modo de acceso es complicado, ya que no siempre está claro qué leyes nacionales se aplican o hasta qué punto. Dada la naturaleza compleja de estas solicitudes, los gobiernos suelen buscar soluciones "fáciles" que requieren de la divulgación voluntaria de la información o que simplemente permiten el acceso total a los datos de los usuarios.

Aunque internet carece técnicamente de fronteras, en realidad los actores estatales imponen su soberanía en los entornos de la red con frecuencia cada vez mayor. El ejercicio de la soberanía[16] sobre los espacios compartidos puede someter a las personas a las leyes de otro país sin que los afectados lo sepan. Esto, en efecto, transforma las actividades de vigilancia de un país en riesgos para la privacidad de todos los ciudadanos del mundo. En América Latina no ha habido ningún debate público al respecto.

La necesidad de garantías procesales internacionales

Los Estados se enfrentan a diario con el desafío de proteger a sus poblaciones de amenazas potenciales y reales. Para detectarlas y responder a éstas, muchos gobiernos vigilan las redes de comunicación, los movimientos físicos y los registros de transacciones. Sin embargo, la vigilancia, dada su naturaleza, pone

---

16   EFF. 2012."Cloudy Jurisdiction: Addressing the thirst for Cloud Data in Domestic Legal Processes" Taller en Internet Governance Forum - Baku 2012 www.eff.org/document/cloudy-jurisdiction-addressing-thirst-cloud-data-domestic-legal-processes

en riesgo la privacidad individual y, por lo tanto, sólo se puede usar en circunstancias excepcionales en las que la vigilancia estatal esté justificada. Aun así, si la vigilancia estatal es innecesaria o excesiva, las salvaguardas legales débiles, y se omiten las garantías procesales, la vigilancia puede tornarse desproporcionada en relación con la amenaza y violar el derecho de las personas a la privacidad.

Por eso, EFF y un grupo de organizaciones no gubernamentales (ADC de Argentina, Privacy Internacional y Access Now, entre otras) han elaborado un conjunto de principios internacionales para la observación de los derechos humanos en la vigilancia de las comunicaciones.[17] Intentamos explicar cómo aplicar la legislación existente en el entorno digital actual, particularmente en vista del aumento y los cambios experimentados por las tecnologías y las técnicas de vigilancia de las comunicaciones. Dichos principios son el resultado de una consulta mundial con grupos de la sociedad civil, la industria y expertos internacionales en legislación, políticas y tecnologías relativas a la vigilancia de las comunicaciones

Conclusión

El contexto desempeña un papel decisivo cuando se trata de determinar cómo se manejan los programas y las prácticas estatales de vigilancia. Aunque existen muchas diferencias entre los países, algunas actividades de vigilancia son comunes a toda la región. Si bien la ayuda externa de Estados Unidos para la vigilancia tiene el propósito de combatir el delito, también se la ha usado para actividades que configuran abusos.

Cada vez más a menudo los organismos estatales y las fuerzas policiales delegan las investigaciones a empresas privadas que no están bajo la misma supervisión judicial que las instituciones

---

17 Este conjunto de principios se encuentra en www.necessaryandproportionate.org

policiales públicas. Es necesario tratar la relación cada vez más estrecha y no transparente entre el sector privado y las fuerzas policiales, ya que representa un riesgo para los derechos y las libertades personales. Preocupa en particular el hecho de que las empresas privadas acatan habitualmente las solicitudes de las fuerzas del orden sin que medien garantías jurídicas. Exhortamos a que se investigue este fenómeno y que se lo documente más.

En un momento en que en todo el mundo proliferan rápidamente los esfuerzos de los Estados por vigilar las comunicaciones, es preciso recordar a éstos sus obligaciones internacionales con los derechos humanos. El conjunto de principios internacionales para la aplicación de los derechos humanos a la vigilancia de las comunicaciones mencionado más arriba debe intentar explicar cómo se debe aplicar la ley ya existente en el entorno digital actual, especialmente en vista del aumento y los cambios experimentados por las tecnologías y técnicas de vigilancia de las comunicaciones.

La privacidad y las noticias exageradas sobre su muerte

Ramiro Álvarez[1]

"Si no tienes nada que ocultar, no tienes nada que temer". "La privacidad es una construcción occidental esencialmente burguesa. Es un derecho que debe ser limitado para la persecución de fines legítimos". "No hay razones para preocuparse por el achicamiento de los espacios de privacidad en una democracia". "Nuestras propias prácticas como ciudadanos en Internet nos llevan hacia una mayor transparencia en todo lo que hacemos, y eso es bueno". "Es preferible renunciar un poco a nuestra intimidad si así nos sentimos más seguros: *si nos conocemos más, nos cuidamos mejor*".

Estos argumentos son algunos de los que se encuentran en el debate público sobre cuestiones que tocan nuestro derecho a la privacidad, por ejemplo cuando se señala que internet desdibuja las fronteras de la privacidad. Algunos de ellos son poderosos, y recurren a factores emocionales y a distintas estrategias para mostrarse convincentes. Otros nos hacen promesas concretas frente a temores considerados hipotéticos. Sin embargo, están todos equivocados.

El derecho a la privacidad fue uno de los primeros en reconocerse constitucionalmente. La idea de que el gobierno no puede violar nuestra correspondencia, entrar en nuestra casa o requisar nuestros papeles privados sin una orden judicial fue una poderosa reacción del primer constitucionalismo liberal a

---

1   Director del Área de Acceso a la Información de Asociación por los derechos civiles (ADC), Argentina.

los abusos del absolutismo monárquico. Y la protección de este derecho fue siempre percibida como fundamental: sin un espacio ajeno a la mirada de los otros es imposible la participación política, ya que no podríamos comunicarnos o asociarnos libremente. Desde este punto de vista, el derecho a la privacidad no es sólo algo a lo que tengo derecho, sino un prerrequisito.

Esta frase de Marlon Brando captura un aspecto clave de la discusión porque presenta un argumento poderoso que, sin embargo, es muy difícil de transmitir: la democracia y nuestras libertades necesitan de espacio para respirar. La creatividad, la irreverencia y el cuestionamiento a la autoridad no pueden desarrollarse adecuadamente si estamos permanentemente sometidos a su mirada. Esos espacios de libertad son imprescindibles, y por ello tenemos derecho a cuestionar todas las políticas y prácticas que tiendan a hacerlos más pequeños y excepcionales.

En los últimos años, esos espacios libres de las miradas de los otros se redujeron enormemente por dos razones fundamentales. En primer lugar, por los avances en las tecnologías que permitieron que cada vez sea más fácil, barato y eficiente implementar políticas de vigilancia y control social. Las cámaras de seguridad se expanden de manera creciente, nuestros pasos son registrados por tarjetas de crédito y programas de lealtad hacia nuestros negocios preferidos, y nuestros celulares permiten que sea muy fácil para un extraño saber dónde estamos todo el tiempo. En segundo lugar, adquirimos prácticas mucho más riesgosas: toda nuestra información está en la nube, compramos y vendemos cosas permanentemente por internet, y anunciamos al mundo cuándo nos vamos de vacaciones, en dónde estamos y qué estamos comiendo.

El achicamiento de espacios de privacidad viene, además, de la mano de promesas de beneficios concretos.

Un ejemplo de ello lo vivimos cuando el gobierno nacional de Argentina decidió crear un sistema único de boleto de transporte público (Sistema único de boleto electrónico - SUBE). La tarjeta SUBE fue el furor del verano 2012: largas filas de ciudadanos, con su documento nacional de identidad en la mano, querían acceder a un sistema que prometía ser mucho más eficiente, que nos permitiría viajar sin necesidad de conseguir monedas y en todos los medios de transporte. Pero por alguna razón, la medida venía acompañada del registro de todos nuestros movimientos, que ingresaban a una base de datos cada vez que utilizábamos el transporte público. ¿Para qué quería el Estado esa información?

Se nos decía que era información valiosa –por ejemplo– para estudiar cómo los ciudadanos utilizamos el transporte público. ¿Pero querían saber cuántas personas estaban viajando y cómo, o quiénes estaban viajando? Además, el sistema no ofecía protección personal alguna: conociendo sólo el número de tarjeta, cualquiera podía acceder al itinerario de viaje del propietario de la tarjeta vía internet. Perder la billetera permitía, por ejemplo, que quien la encontrase pudiera saber dónde vivo, más o menos dónde trabajo y a qué hora entro y salgo de mi casa cada día.

La razón más poderosa, sin embargo, era que permitiría crear un sistema diferenciado de subsidios para los boletos electrónicos: con esos datos, analizando la situación patrimonial de cada ciudadano, el gobierno podría determinar si merecían no que sus viajes diarios por la ciudad fueran subsidiados por el gobierno. Para colmo de males, no se nos informaba que era posible tener una tarjeta SUBE de manera anónima, y muchas personas presentaban su documento de identidad en el momento de obtenerla.

Un hecho mucho más peligroso pero que pasó aún más desapercibido en la Argentina fue el lanzamiento del Sistema Federal para la Identificación Biométrica para la Seguridad (SIBIOS). Se trata de una base de datos que recopila datos biométricos de los ciudadanos: por ahora, las huellas dactilares y su fotografía. En un futuro, guardará la información de la configuración de nuestro iris y nuestro ADN, al menos si estamos al orwelliano video de presentación del sistema que –además– nos informa que la tecnología utilizada se desarrolló en colaboración con... Cuba.[2]

---

2   El video está disponible en www.youtube.com/watch?v=QjrRNExTCx8 La frase destacada en el primer párrafo es la forma en que el gobierno argentino quiso vender el sistema públicamente: *si nos conocemos más, nos cuidamos mejor.*

Lo impresionante del video elaborado por el Estado –además de cierta coincidencia estética con la película *1984* de Michael Radford, del mismo año– es el modo desvergonzado en que se nos prometen beneficios concretos para la seguridad. En efecto, el video nos informa cómo estas nuevas tecnologías permitirán luchar contra el delito, cómo la trata de personas será casi imposible una vez que el sistema esté en pleno funcionamiento y cómo el sistema de cámaras de seguridad podrá –pronto– identificarnos a todos, para saber dónde estamos en cada momento. Porque si nos conocemos más, nos cuidamos mejor.

Traer a colación estas políticas nos permite recordar el modo en que se justificaron públicamente. Con SUBE nos prometieron eficiencia y comodidad. Con SIBIOS mayor seguridad. A cambio, el Estado nos solicita que achiquemos un poquito nuestros espacios de privacidad. A fin de cuentas, ¿qué tenemos que temer de un Estado democrático? ¿Acaso a las autoridades les interesa saber a qué hora salgo de mi casa? ¿Acaso un registro masivo de datos se convertirá –una vez más– en una pieza clave de un plan para secuestrar y desaparecer a los ciudadanos?

El derecho a la privacidad no está muerto, pero está en un muy mal estado de salud porque su defensa se enfrenta, permanentemente, a este tipo de argumentos. Y sale perdiendo porque los peligros de las políticas que avanzan sobre el derecho a la privacidad son percibidos como hipotéticos, especulativos. Los beneficios, por el contrario, son concretos y verificables: la comodidad de la SUBE, la sensación de mayor seguridad que dan las cámaras de seguridad, etcétera, etcétera.

El trabajo de quienes creemos que el derecho a la privacidad es fundamental en una democracia es entonces mayúsculo. Debemos tomar el argumento ético y político a favor de la defensa de un espacio personal ajeno a la mirada de los otros y presentarlo de un modo que convenza a los ciudadanos. Los argumentos éticos, en nuestros días, tal vez no son los más eficientes. Pero no estaría dispuesto a renunciar ni un segundo a ellos. Sin embargo, estos argumentos pueden ser complementados con razones adicionales, como las que cuestionan el objetivo de estas políticas, su efectividad y su posibilidad; las que cuestionan el tipo de políticas discriminatorias que pueden sustentar; las que se concentran en sus impactos secundarios, etcétera.

En efecto, gran parte de esta discusión debe darse en el terreno de las promesas realizadas. ¿Acaso los sistemas de identificación biométrica son infalibles? No sólo no lo son, sino que están repletos de problemas y fallas tecnológicas que los vuelven inútiles para hacer lo que prometen. ¿Acaso es posible identificar a las personas captadas por las cámaras de seguridad con base en los rasgos de sus rostros? Hoy en día, no lo es. Pero incluso si fuera posible, ¿querríamos realmente vivir en una sociedad así? ¿A qué estaríamos renunciando a cambio de esa seguridad hipotética que nos ofrecen?

Los esfuerzos por mantener espacios significativos de privacidad deberán recurrir a estos argumentos, y a otros mejores. Cuestionar los avances sobre nuestros derechos fundamentales requerirá más investigaciones y formas novedosas de contar los resultados de las mismas. También nos exigirá ser inteligentes para elegir nuestras batallas. Y no es un desafío menor reivindicar, en pleno siglo veintiuno y frente a las nuevas tecnologías que nos fascinan, los principios políticos del primer constitucionalismo que sabiamente nos decían –y nos dicen– que la libertad necesita de un espacio para respirar. Y que sin privacidad no hay libertad posible.

La vida de los otros

Beatriz Busaniche[1]

Berlín Oriental, 1984. La Stasi, policía política de la República Democrática Alemana, vigila cada día a cada hora la vida de los alemanes. Gerd Wiesler, alias HGWXX/7, capitán de la Stasi, dedica las horas completas de su jornada laboral a la vigilancia de un reconocido dramaturgo fiel al régimen comunista. Un equipo de espías de la Stasi cablea la vivienda del escritor, plagando el lugar de micrófonos ocultos, y dispone la central técnica de vigilancia en el sótano del edificio. Pero no es la fidelidad o no al régimen lo que motiva la vigilancia, sino el deseo del ministro de Cultura hacia la esposa del dramaturgo, una bella mujer que ha cedido a las invitaciones del alto funcionario, porque de lo contrario perdería su carrera como actriz.

La excelente película alemana *Das Leben der Anderen* (La vida de los otros) dirigida por Florian Henckel da cuenta de una sociedad vigilada, un Estado todopoderoso que se inmiscuye arbitrariamente en la vida de los habitantes de la por entonces Alemania Oriental. Expone un modelo anticuado de vigilancia estatal, la vigilancia personalizada propia del siglo XX y la Guerra Fría, un modelo de vigilancia que demandaba recursos proporcionalmente grandes, dedicación de equipos técnicos y de personal y la definición de una persona a vigilar a partir de alguna característica

---

1   Fundación Vía Libre. Licenciada en Comunicación Social, Public Leader de Creative Commons en Argentina, integrante y fundadora de Wikimedia Argentina y docente de la Universidad de Buenos Aires.

propia: una opinión, una actividad política o, como retrata el
film, una cuestión personal. Un equipo de espías siguiendo permanentemente a una persona a partir de un momento determinado. Nuestras sociedades han cambiado, y los modelos de vigilancia también.

La vigilancia personal vs. el monitoreo de todos

Nuestro mundo está plagado de dispositivos diseñados para
detectar, vigilar y seguir a las personas. Pero ya no se trata,
como en el retrato cinematográfico citado, sólo del seguimiento
personalizado de algunos individuos, sino de un sistema so-
ciotécnico capaz de rastrear y almacenar prácticamente todos
nuestros movimientos, nuestros gustos, nuestros pensamientos.
El drástico crecimiento del monitoreo mediado por la técnica
es, sin dudas, una característica central de nuestro tiempo.

La vigilancia personalizada sigue existiendo, pero se dirige a
individuos previamente identificados sobre los cuales se tiene
algún tipo de sospecha o interés particular. Se la utiliza legal-
mente por lo general en la lucha contra el delito y contra el
terrorismo. Por supuesto también se la utiliza ilegalmente para
rastrear opositores, periodistas, jueces o cualquier otra persona,
con el fin de incidir en sus decisiones o tomar algún tipo de acción en su contra (secuestro, robo, etc.).

En una sociedad democrática, la implementación de la vigilancia personalizada por parte del Estado supone la mediación
del debido proceso que garantice los derechos fundamentales,
por lo que cada acto de vigilancia personalizada debe ser mediado por una orden judicial al menos. La historia de los países
democráticos indica que el derecho a la privacidad está reconocido en instancias constitucionales que prohiben expresamente
la intromisión del Estado en las viviendas, los papeles y la correspondencia y, en general, en la vida de las personas, sin que
medie garantía y orden judicial.

Sin embargo, es difícil discutir el monitoreo masivo en estos términos, ya que en muchos casos se trata de sistemas instalados en el espacio público, y el objeto de la vigilancia no está previamente identificado. Este tipo de sistemas remite a las novelas distópicas del siglo XX, como *1984* de George Orwell. Aún cuando cada ciudadano sabe que está siendo observado por el ojo de una cámara, difícilmente toma dimensión de lo que eso significa en tanto no se procede a realizar ningún acto dirigido específicamente a su persona, ni se conoce claramente qué está observando el observador.

El monitoreo masivo puede ser el objetivo propio de una tecnología. En otros casos, es una consecuencia indirecta de sistemas diseñados para ofrecer otro tipo de servicios (ver cuadro al final). Entre los primeros destaca la vigilancia de espacios públicos y privados a través de sistemas de video. Entre los segundos puede mencionarse la telefonía celular, que permite establecer la ubicación física de los usuarios del servicio. Estos sistemas, diseñados con esa finalidad o no, se integran en un nuevo modelo de monitoreo generalizado que algunos académicos ya denominan "vigilancia de datos" (*dataveillance*) (Clarke, 1988).[2]

Conectados / Monitoreados

Las posibilidades de recolectar datos personales se expanden en gran medida a partir de la masificación de nuestra vida en línea. La invalorable posibilidad abierta por las tecnologías digitales y el acceso a Internet para comunicarnos, interactuar, organizarnos, aprender, leer, visitar sitios lejanos, tomar decisiones de compra, y un larguísimo etcétera más, tiene como contrapartida directa una transacción en términos de privacidad.

El anonimato en la red está en vías de extinción. Los sistemas que utilizamos regularmente van dejando huellas trazables de cada actividad en línea: navegación por sitios web, cookies,

2   Clarke, Roger. 1988. "Information Technology and Dataveillance" *Comm.ACM 31,5 (May 1988)* www.rogerclarke.com/DV/CACM88.html

envío de correos electrónicos, participación en plataformas de redes sociales, descarga de diversos contenidos. Las personas que deseen mantener su anonimato deben tomar medidas deliberadas. Rasgos propios e identificables como las direcciones IP desde las cuales nos conectamos, los inicios de sesiones autenticados y los cookies están incluidos en infinidad de aplicaciones de uso cotidiano, y la recolección de estos datos pasa prácticamente inadvertida. Como si esto no fuera suficiente, nos encontramos ante una tendencia generalizada a promover la identificación personal en el uso de diversos servicios, en particular las redes sociales. La recolección de datos personales durante la navegación es permanente, amplia y cada vez más inadvertida por usuarios que dificilmente conocen a fondo las aplicaciones que usan o que las emplean sin siquiera leer los términos de uso. Toda vez que un individuo indica "me gusta" en un sitio web contribuye a la elaboración de su perfil en línea.

Recolección / Procesamiento

Toda esta masiva recolección de datos sería inútil sin las condiciones técnicas para su procesamiento. No se trata sólo de capturar imágenes o recolectar millones y millones de datos personales, sino de construir sistemas capaces de darles sentido para quienes serán, en definitiva, los usuarios de esos datos. La capacidad de almacenamiento y procesamiento de los sistemas ha crecido exponencialmente y se han desarrollado mejoras enormes en las posibilidades de organización y recuperación de una inmensa cantidad de datos. Hoy la información puede ser comprimida y trasladada fácilmente, clasificada y manipulada, interpretada como nunca antes, por lo tanto, convertida en información valiosa, confiable y eficiente. Estas innovadoras herramientas permiten un nuevo dominio sobre los datos y la construcción de información.[3]

---

3   Nissenbaum, Helen. 2010. *Privacy in Context: Technology, Policy, and the Integrity*

Ejemplos especiales y paradigmáticos de recolección y procesamiento de datos son las plataformas de redes sociales, cuyo caso más reconocido es el servicio ofrecido por la empresa Facebook. En estos casos enfrentamos varios asuntos preocupantes. En primer lugar, lo que las personas publican sobre sí mismas sin analizar las consecuencias de esa conducta. La prensa internacional ha dado cuenta de infinidad de casos de despidos, divorcios y otros problemas personales de diversa índole debidos a la información publicada por las propias personas afectadas. Una segunda cuestión tiene que ver con lo que otros publican sobre terceros, incluyendo fotografías, relatos y anécdotas que, en muchos casos, refieren a situaciones vinculadas a la intimidad de las personas. También es problemática la práctica generalizada de dar acceso a nuestros contactos de correo electrónico a las empresas de servicios de redes sociales, para el envío de invitaciones y para la construcción de nuestros perfiles en las redes.

Pero el más complejo de los problemas derivados de las redes sociales no tiene que ver sólo con la publicación y almacenamiento de los datos personales, sino con la arquitectura de las interacciones entre las personas que se integran allí, información que permite establecer perfiles de grupos de pertenencia, opinión y consumo que pueden ser usados con diversos fines, tales como la comercialización, los estudios de mercadeo y el seguimiento y control de grupos políticos, de activistas y de grupos de afinidad.

Estado / Privados

Como hemos podido apreciar, el problema de la vigilancia y las amenazas a la privacidad tiene diferentes aristas. Un primer elemento de análisis tiene que ver con el rol del Estado y la creciente tendencia a instalar sistemas de monitoreo generalizado,

---

of Social Life. Stanford University Press. Palo Alto, CA.

como la adquisición de equipamientos para la vigilancia del espacio público o y para la validación y control de la identidad de las personas. Desde la implementación de sistemas de CCTV en diversos municipios hasta la implementación de bases de datos centralizadas de información biométrica de todos los ciudadanos (sistema SIBIOS[4] en Argentina, por ejemplo). En este sentido, el Estado no sólo avanza sobre los derechos individuales con un nivel notable de asimetría frente al ciudadano, sino que su conducta contribuye a disminuir las posibilidades del ciudadano de obtener del Estado la garantía y defensa última de sus derechos.

Un segundo elemento de preocupación tiene que ver con la cada vez mayor y más masiva recolección de datos que realizan actores del sector privado, tales como empresas de servicios financieros (bancos, tarjetas de crédito, etc.) o empresas de internet (Facebook, Twitter, Google, Microsoft, etc.) que ofrecen servicios gratuitos cada vez más masivos. El control sobre los términos de privacidad de estos servicios escapa en gran medida a los ciudadanos poco avezados en la lectura de términos legales de uso, y además ofrecen el desafío de lidiar con regulaciones dispuestas más allá de las fronteras nacionales.

Un tercer aspecto que genera preocupación tiene que ver con las prácticas sociales y colectivas que promueven activamente la exposición pública de las personas. No sólo exponemos nuestra vida, sino que nosotros mismos formamos parte de la mirada multidimensional que pretende inmiscuirse en la vida de los otros.

En todos los casos, la característica central es la asimetría, tanto respecto de la recolección de información como acerca de la capacidad de control y de conocimiento sobre la gestión y el destino de nuestra información personal.

Nos miran. Nos guste o no, es el rasgo distintivo de nuestra época. ¿Renunciaremos a la privacidad?

---

4   Sistema federal para la identificación biométrica para la seguridad (SIBIOS)

El **monitoreo directo** se efectúa mediante la instalación de sistemas dedicados explícitamente a tal fin, entre ellos, los sistemas de videovigilancia en espacios públicos y privados. Con diferentes argumentos, como la lucha contra el terrorismo o la inseguridad de los ciudadanos, han proliferado las políticas de instalación de sistemas de circuito cerrado de televisión (CCTV) para el monitoreo del espacio público en diversas ciudades. Parques, avenidas, estaciones de transporte, inmediaciones de edificios públicos, aeropuertos, barrios completos están siendo monitoreados de manera permanente por estos sistemas que permiten captar imágenes que pueden ser miradas en tiempo real o grabadas y almacenadas para ser revisadas más tarde. Quienes se mueven en ciudades como Buenos Aires serán monitoreados y registrados decenas de veces en una jornada.[a] En Londres, las estadísticas señalan que, en promedio, una persona que circula por el espacio público será registrada 300 veces por día.[b] Los equipos son cada vez más baratos, y su capacidad aumenta con el diseño de más y mejores tecnologías incorporadas a ellos. Las políticas de monitoreo permanente del espacio público se complementan con iniciativas privadas de instalación de sistemas de control en edificios de viviendas y oficinas ofrecidos por empresas de seguridad privadas. Es notorio el incremento de las ventas de estos sistemas y servicios por razones tales como el cuidado de adultos mayores que viven solos o de niños pequeños al cuidado de extraños (en jardines de infantes, guarderías o incluso en algunos hogares a los que asiste una niñera).

El **monitoreo indirecto** se produce como consecuencia del uso de determinadas tecnologías para otros objetivos, tales como la orientación en una ciudad (sistemas GPS) o las telecomunicaciones (sistemas de telefonía móvil). En estos y otros ejemplos, la recolección de datos es consecuencia del diseño original del sistema, aunque no fuera el objetivo primario. Dentro de este grupo podemos identificar, por ejemplo, el pago con tarjetas de crédito, que deja rastros permanentes de nuestros movimientos; las tarjetas electrónicas de ingreso a determinados lugares (edificios de oficinas, universidades, etc.); los sistemas electrónicos prepagos de trasporte público (como la Tarjeta SUBE[c] en Argentina) o los sistemas prepagos de peajes en autopistas y rutas; el recibo de la cuenta de teléfonos (con el detalle de llamadas y su duración), o los sistemas de telefonía móvil, que deben ubicar nuestra locación geográfica para poder ofrecernos el servicio de comunicación.

a   Véase un mapa de la locación de las cámaras de vigilancia en espacio público de la Ciudad Autónoma de Buenos Aires en www.camaras.buenosaires.gob.ar

b   Rosen, Jeffrey. 2004. The Naked Crowd: Reclaiming Security and Freedom in an Anxious Age. New York. Random House

c   Sistema único de boleto electrónico - SUBE

6

CONECTANDO EL PASADO Y EL FUTURO

Principales hitos y enfoques que han marcado la evolución de las TIC para el desarrollo en América Latina y el Caribe

Valeria Betancourt[1]

A nivel conceptual, la capacidad de las TIC para impulsar el desarrollo humano y el crecimiento económico es algo universalmente aceptado. A nivel práctico, la mayoría de los gobiernos de la región ha formulado agendas digitales y adoptado otras medidas de política pública orientadas a incorporar el acceso a las TIC y su uso en áreas de desarrollo. Además, se han desarrollado estrategias apoyadas en TIC para fomentar nuevas formas de participación ciudadana, así como para avanzar en los esfuerzos de modernización de la gestión pública y la provisión de servicios públicos. Sin embargo, luego de más de una década de los primeros diálogos sobre este tema enAmérica Latina y el Caribe ALC, y a pesar de los notables avances en la configuración de agendas regionales y nacionales, el acceso y el uso de TIC con propósitos de desarrollo siguen siendo desafíos centrales para la región.

Resulta conveniente darle una mirada al pasado con el propósito de proyectar el futuro.

---

1   Coordinadora del Programa de Políticas de Información para América Latina (CIPP) de la Asociación para el Progreso de las Comunicaciones (APC), y consultora para el proyecto 25 años de la Sociedad de la Información en América Latina y el Caribe.

La evolución

De acuerdo con datos ofrecidos por Richard Heeks en uno de sus trabajos sobre TIC y desarrollo, en 1998 menos de uno de cada 100 habitantes estaba conectado a internet y 2 de cada 100 habitantes era suscriptor de telefonía móvil en los países en desarrollo, incluyendo los países de ALC.[2] Datos recientes de la Unión Internacional de Telecomunicaciones (2013) indican que 31 de cada 100 habitantes de los países en desarrollo están conectados a internet, y que la tasa actual de penetración de telefonía celular en dichos países alcanza el 89%.[3] Cabe preguntarse, entonces, ¿cómo se ha expresado y cuáles han sido las características del salto entre la situación a finales de la década de los 90 a la situación de 2013 en la región? La explosión de la adopción de telefonía celular y el crecimiento de los usuarios de internet, ¿se han traducido en avances significativos para la consecución de objetivos de desarrollo en ALC? Las barreras para el desarrollo relativas al acceso y el uso de las TIC en la región, ¿se han debilitado? ¿Han desaparecido?

Es indiscutible que el avance en el acceso y uso de las TIC, particularmente de internet, ha transformado las dimensiones de la vida económica, social, cultural y política de los países de la región, y es evidente que la agenda de TIC para el desarrollo se ha vuelto más compleja y diversa en el último decenio. Adicionalmente, hay una serie de temas que emergen constantemente y que se vuelven relevantes para la agenda regional de TIC para el desarrollo de los próximos diez años, entre ellos, la gobernanza de internet.[4]

2   Heeks, R. 2010. "Development 2.0: Transformative ICT-Enabled Development Models and Impacts". *Short paper n° 11*. University of Manchester, Centre for Development Informatics. www.sed.manchester.ac.uk/idpm/research/publications/wp/di/#sp

3   TU. 2013. "The World in 2013. ICT facts and figures". www.itu.int/net/pressoffice/press_releases/2013/05.aspx#.UTkTFhjgORs

4   El Grupo de trabajo sobre la Gobernanza de internet, creado por el Secretario General de las Naciones Unidas en diciembre de 2003, amparado en el mandato de

Resulta conveniente revisar algunos de los hitos más importantes que han marcado la evolución de la agenda y de las políticas de TIC para el desarrollo en ALC.

Las primeras iniciativas de conexión a internet con propósitos de desarrollo surgieron a inicios de los 80 como parte de esfuerzos de grupos progresistas, de académicos y de universidades, por ampliar las posibilidades de comunicación y acción de la sociedad civil en la región. Si bien en esa época ya existían casos de uso comercial y público de internet, dichas iniciativas grupales son las que dan cuenta de los orígenes del uso de redes de computadoras para el cambio social y el desarrollo.

No se trata de un hecho menor. No es casual que, en medio de un mundo militarizado, hayan sido grupos comprometidos con la paz, los derechos humanos y el medio ambiente los que promovieron avances para conectar, mediante comunicaciones electrónicas, a movimientos sociales, académicos, grupos de activistas y organizaciones de la sociedad civil. La manera en que la sociedad civil y la academia empezaron a conectarse con esas "nuevas" tecnologías en la región sentó como un imperativo la necesidad de ponerlas en función de objetivos de desarrollo.

El período de 1995 a 1996 marca el inicio de la oferta de internet y telefonía móvil a gran escala en ALC. Con ello se inauguró la necesidad de que los Estados respondieran mediante políticas públicas a la expansión del acceso y uso de las TIC, con la perspectiva de insertarse en la sociedad de la información y de dar respuestas efectivas a la brecha digital.

---

la primera fase de la Cumbre Mundial para la Sociedad de la Información (CMSI), acordó la siguiente definición de trabajo: "La gobernanza de internet es el desarrollo y la aplicación por los gobiernos, el sector privado y la sociedad civil, en las funciones que les competen respectivamente, de principios, normas, reglas, procedimientos de adopción de decisiones y programas comunes que configuran la evolución y la utilización de internet". Es importante señalar que el Grupo de trabajo enfatiza en que la gobernanza de internet no está únicamente relacionada con el manejo de los nombres, direcciones y números de internet, sino que involucra otros recursos críticos de internet y cuestiones de desarrollo relativas a la utilización de internet, como el acceso, entre otras. Ver Working Group on Internet Governance. 2005. "Report of the Working Group on Internet Governance. Châteua de Bossey". www.itu.int/wsis/wgig/docs/wgig-report.pdf

Sin embargo, es solo en julio de 2000 cuando los gobiernos de la región, convocados por CEPAL y el Gobierno de Brasil, aprobaron la Declaración de Florianópolis con el propósito explícito de orientar el uso de las TIC para el desarrollo. No es aventurado plantear que, a nivel gubernamental, esa declaración marcó el comienzo de un proceso de formulación de estrategias y políticas orientadas a capitalizar el potencial de las TIC para el crecimiento económico y el desarrollo social. La declaración recogía "la aspiración compartida de los países de América Latina y el Caribe de llegar al año 2005 integrados como miembros plenos de la sociedad de la información con eficiencia, equidad, sostenibilidad, en el marco de la economía global basada en el conocimiento".[5]

La CEPAL señala que "como parte del proceso internacional de la Cumbre Mundial sobre la Sociedad de la Información (CMSI), que se realizó en dos etapas (Ginebra en 2003 y Túnez en 2005), las autoridades de los países de ALC intensificaron sus esfuerzos para crear una perspectiva regional sobre el desarrollo de sociedades de la información. En diversas reuniones celebradas entre 2001 y 2003 por la red regional del Grupo de Tareas sobre las tecnologías de la información y de las comunicaciones de las Naciones Unidas, se destacó la importancia de la colaboración entre las partes interesadas para hacer frente a este desafío. Asimismo, en la Agenda de Conectividad para las Américas y en el Plan de Acción de Quito de 2002 se insistió en la necesidad de formular programas de acción y estrategias nacionales realistas".[6]

---

5 CEPAL. 2000. "Declaración de Florianópolis". www.eclac.org/publicaciones/xml/2/4312/florianopolis.htm

6 CEPAL. 2010. "Consulta pública: ¿qué dicen los expertos sobre eLAC 2010-2015?"www.eclac.org/cgi-bin/getprod.asp?xml=/elac2015/noticias/paginas/2/44102/P44102.xml&xsl=/elac2015/tpl/p18f.xsl&base=/elac2015/tpl/top-bottom.xsl

Dicho diálogo político –y el compromiso resultante– de los gobiernos se tradujo en gran medida en la Declaración de Bávaro[7] de 2003, que establece los principios fundamentales para la construcción de las sociedades de la información y el conocimiento en la región y que dio pie, en 2005, a la formulación del Plan de Acción de la Sociedad de la Información en América Latina y el Caribe, eLAC. El primer plan de acción para la región propuso metas concretas para el 2007 a partir del compromiso de los países de adoptar un conjunto de políticas públicas nacionales, junto a medidas coordinadas en la región, encaminadas a acelerar y fortalecer la construcción de las sociedades de la información. En ese sentido, eLAC apuntó a ofrecer la orientación estratégica y los principios rectores para el desarrollo de políticas públicas de TIC en la región, en áreas como el acceso y la inclusión digital, la creación de capacidades y conocimientos, la transparencia y la eficiencia pública, los instrumentos para fortalecer la coordinación de las políticas de desarrollo digital, y las acciones que fortalezcan un entorno habilitador para el desarrollo digital.

Diversos actores de sociedad civil de ALC se vincularon de manera bastante activa y sustantiva a la CMSI con la perspectiva de contribuir a forjar un entendimiento sobre los impactos sociales, culturales, económicos y políticos del uso de las TIC, particularmente de internet, y aportar con enfoques y soluciones para el desarrollo de sociedades de la información democráticas, inclusivas y equitativas. Los actores de sociedad civil de la región contribuyeron a colocar sobre la mesa de discusión cuestiones relativas al derecho a la comunicación (retomando y resignificando los debates y propuestas del Nuevo Orden Mundial de la Información y la Comunicación), a la convergencia de las industrias de la información y la comunicación, a las profundización de las brechas estructurales incluyendo la brecha digital, a la gobernanza de internet y a los marcos regulatorios y políticos. Su visión y propuestas están recogidas en la declaración

7   CEPAL. 2003. "Declaración de Bávaro". www.eclac.cl/prensa/noticias/noticias/9/11719/Bavarofinalesp.pdf

de sociedad civil "Construir sociedades de la información que atiendan a las necesidades humanas".[8] Esa vinculación se hizo extensiva al proceso regional eLAC. La sociedad civil fue instrumental para asegurar la participación de actores no gubernamentales (incluyendo el sector privado y la comunidad técnica) en el mecanismo de coordinación del eLAC. Actualmente, la sociedad civil, la comunidad técnica y el sector privado desmpeñan roles formales de observadores en eLAC.

Diez años después de la CMSI, saber si la región ha progresado en la cristalización de principios planteados y la implementación de los acuerdos adoptados para el desarrollo de las sociedades de la información y el conocimiento sigue siendo una pregunta vigente.

En el marco de una revisión crítica que está haciendo APC de los cambios que se han producido desde la adopción de la declaración de principios y el plan de acción de la CMSI en 2003, la evidencia recabada sugiere que, globalmente, la erradicación de la pobreza, por ejemplo, no es una de las prioridades más altas en las discusiones y agendas políticas relacionadas con las sociedades de la información y el conocimiento, y que las Metas de Desarrollo del Milenio han jugado un rol insignificante en los procesos de toma de decisión y configuración de políticas de TIC en las esferas nacionales. La evidencia da cuenta, además, de que tanto la declaración de principios de la CMSI como la declaración de la sociedad civil sobre la CMSI han tenido muy poco impacto en el desarrollo de las agendas y políticas de TIC para el desarrollo. El interrogante sobre los efectos de la relación entre TIC y desarrollo, por tanto, sigue vigente en nuestra región.

---

8   Sociedad Civil – Cumbre Mundial para la Sociedad de la Información. 2003. Declaración final www.itu.int/wsis/docs/geneva/civil-society-declaration-es.pdf

Los temas clave en sus inicios: los conceptos, la política y la práctica

El surgimiento de agendas temáticas de TIC para el desarrollo en la región se produjo, básicamente, como una respuesta a los diversos acuerdos políticos de los gobiernos efectuados a partir del año 2000. Dichas agendas emergieron de manera aislada y no responden, en la mayoría de los casos, a una visión integral y a decisiones de políticas públicas de largo plazo en los ámbitos nacionales.[9] Surgieron como proyectos o intervenciones específicas en diversas materias, como el despliegue de infraestructura de TIC, la mejora de la educación, la modernización de la gestión y administración del Estado, el apoyo al desarrollo agrícola, el impulso a la productividad, entre otras. Las iniciativas sobre la incorporación de TIC en estrategias de mejoramiento de los servicios de salud pública ha sido, posiblemente, el área más rezagada. A ello se han sumado los esfuerzos desplegados por organizaciones no gubernamentales para implementar proyectos de TIC con el fin de atender diversos problemas de desarrollo, incluyendo la provisión de acceso público a internet. En muchos casos, los proyectos e iniciativas, gubernamentales o no, arrancaron con la ayuda financiera de agencias de desarrollo y cooperación de Europa y Norteamérica, así como de diversas agencias de Naciones Unidas.

Los países de la región no han seguido un único modelo de acceso, uso y apropiación de TIC. Sin embargo, se puede señalar que han primado dos enfoques conceptuales y prácticos para aprovechar el potencial de las TIC con fines de crecimiento

---

9   La confección de agendas digitales para encuadrar las políticas y programas sobre la sociedad de la información en los países latinoamericanos es muy reciente, y está en pleno proceso de desarrollo y ejecución en América Latina y El Caribe. Diez países de la región cuentan con agendas digitales de alcance nacional: Argentina, Brasil, Chile, Colombia, Costa Rica, Ecuador, México, Paraguay, Perú y Uruguay. Los países del Caribe de habla inglesa crearon un sistema conjunto de "Monitoreo de la sociedad de la información en el Caribe", que marca planes y acciones. La primera agenda digital fue puesta en marcha por Chile en 2007, pero el resto de los países comenzaron a implementar su agenda digital en general entre el 2010 y el 2011.

social y económico: el fortalecimiento del sector de TIC (con base en la producción de bienes y servicios de TIC) y la aplicación de TIC en áreas específicas de desarrollo. Si bien a nivel conceptual no está del todo resuelto el dilema de la conveniencia de privilegiar uno u otro enfoque (desarrollo *de* las TIC o desarrollo *con* las TIC), en la práctica los énfasis y matices han sido distintos en cada país. Varios han optado por combinar los dos enfoques, en el entendido de que el acceso, el uso y la apropiación de las TIC se dan en el marco estructural de las sociedades latinoamericanas y responden a las dinámicas económicas, sociales, culturales y políticas propias de éstas. La lógica de formulación de las diversas opciones de políticas públicas ha dependido del enfoque adoptado.

Esas lógicas de decisión en torno a las políticas públicas de TIC tampoco han sido constantes en los países de la región. Han respondido a las visiones e intereses de los tomadores de decisiones de turno, a la configuración de la correlación de fuerzas, a la existencia o no de evidencia sobre el problema público, entre otros factores. "La falta de transparencia y de voluntad política, la inercia burocrática, los bajos niveles de comprensión y de interés en asuntos de políticas, junto con contra-argumentos promovidos por intereses que tienen en mente sus agendas propias [...]"[10] han complejizado aún más el quehacer de las políticas públicas de TIC para el desarrollo en los países de la región.

En varios de los múltiples estudios de CEPAL sobre el desarrollo de la sociedad de la información en la región se sostiene que el paradigma tecnológico predominante ha sido exógeno y se ha traducido en un desarrollo lento e irregular desde el centro hacia la periferia, extendiendo hacia la esfera digital las brechas estructurales existentes.

El análisis de la experiencia concreta de aplicación de TIC en áreas específicas de desarrollo en los países de la región pue-

---

10   Girard, Bruce y E. Acosta y Lara, editores. 2012. *Impacto 2.0. Nuevos mecanismos para vincular investigación académica y políticas públicas.* Fundación Comunica, Montevideo.

de dar luces sobre si ha primado una actitud pasiva o una que "estimule la acumulación de nuevas capacidades tecnológicas y organizacionales y tenga cierto éxito en el aprovechamiento de las TIC con objetivos de desarrollo".[11]

Si bien hay avances tangibles y visibles en la mayoría de los países, el desarrollo de las políticas de TIC en la región es desigual, y aún queda mucho por hacer en materia de cooperación regional para que, más allá de los acuerdos políticos, se implementen proyectos y se adopte una regulación armonizada.

---

11 Mansell, Robin. 1999. "Information and communication technologies for development: assesing the potential and the risks". *Telecommunications Policy 1999 Vol. 23,1.*

La vinculación de la experiencia de las TIC en América Latina y el Caribe con el nuevo entorno de desarrollo abierto

Manuel Acevedo[1]

1. Características del desarrollo abierto

Para explorar el entorno del desarrollo abierto en América Latina y el Caribe (ALC) es útil identificar nexos entre los avances de las tecnologías de la información y la comunicación (TIC) para el desarrollo y las características del desarrollo abierto. Con base en un estudio realizado como parte del proyecto 25 años de la sociedad de la información en ALC, este artículo considera las maneras en que dichos avances podrían allanar el terreno para el surgimiento de planes y estrategias de desarrollo abierto, así como también identificar algunos desafíos específicos que la región plantea a la integración de la "apertura" en sus previsiones de desarrollo.

Deberíamos empezar por interpretar el concepto de desarrollo abierto. Según Smith, Elder y Emdon, "desarrollo abierto refiere al surgimiento de un conjunto de posibilidades para catalizar el cambio positivo mediante actividades en redes de información 'abiertas' en el desarrollo internacional".[2] También

---

1   Evaluador externo del programa Instituto para la Conectividad de las Américas (ICA) del IDRC y consultor para el proyecto 25 años de la sociedad de la información en ALC.

2   Smith, Matthew L.; Laurent Elder y Heloise Emdon. 2011. "Open Development: A New Theory for ICT4D". *ITID (7:1), Spring 2011, iii–ix*.

especifican que lo importante es "que la apertura esté al servicio del desarrollo, no la apertura por la apertura misma". En un trabajo relacionado, Smith y Elder escriben acerca de las disposiciones sociales abiertas posibilitadas por las TIC, las cuales se caracterizan por la expansión del acceso y el aumento de la participación, lo que a su turno facilita modos de producción colaborativos.

Para simplificar, podríamos decir que el desarrollo abierto se refiere a procesos de desarrollo que permiten que más gente participe y ejerza su posibilidad de acción para el cambio positivo, a través de un mejor acceso a la información y a los instrumentos relacionados (especialmente las TIC), así como dan lugar a enfoques más colaborativos a través de procesos y estructuras en red. Por consiguiente, una manera de establecer la etapa actual del desarrollo abierto y el potencial de éste sería examinar el progreso logrado en esos tres aspectos específicos mediante las previsiones y el trabajo en TIC para el desarrollo en ALC desde aproximadamente el año 2000.

1.1 Acceso

Dentro de la gama de recursos a los que es preciso acceder para emprender un proceso de desarrollo abierto, dos tienen relación con las actividades de TIC para el desarrollo, y son fundamentales: las TIC y los recursos de información. Desde 2000, la región en general ha hecho avances importantes en ambos frentes.

ALC es la región en desarrollo con los niveles más altos de acceso a internet. A mediados de 2012, el porcentaje de la población de la región que había usado internet llegó a 43%, aunque hay diferencias notorias entre países (en Chile y Uruguay el acceso se ubicó ligeramente por encima del 50% de la población, mientras que en Nicaragua y Guatemala, apenas superó el 10%).[3] La rápida expansión de internet móvil por medio de los

---

3   Miniwatts Marketing Group. "Internet World Stats" www.internetworldstats.

teléfonos inteligentes podría significar un rápido crecimiento del acceso a internet durante el resto de la década.

Al decir "recursos de información" nos referimos a datos, información y conocimientos relevantes. Algunas organizaciones internacionales, por ejemplo el Banco Mundial, han abierto sus datos al mundo, entre los cuales hay datos relevantes para ALC. Muchos países de la región, entre ellos los más influyentes, Brasil, México, Argentina, Colombia, Chile y Venezuela, han adoptado compromisos en tanto miembros de la Open Government Partnership (Asociación de Gobierno Abierto). Organizaciones nuevas, como el Observatorio para la Sociedad de la Información en ALC (OSILAC) han contribuido a crear un sólido cuerpo de datos estadísticos acerca de la disponibilidad y el uso de las TIC en los ámbitos nacionales,[4] el cual es especialmente valioso para la elaboración de políticas. Actualmente se puede acceder a importantes volúmenes de información relativa a cualquier área del desarrollo, si bien el nivel de producción de contenidos en la región en las lenguas predominantes (español y portugués) aún es modesto en comparación con el contenido en inglés (la lengua común de la información sobre el desarrollo), salvo en unas pocas áreas selectas, como la gobernanza o la educación.

En cuanto al conocimiento, aquí nos concentramos en las actividades de investigación y administración del conocimiento. La cantidad de investigación académica sobre TIC para el desarrollo y la sociedad de la información en la región ha aumentado sustancialmente desde 2000, cuando era prácticamente inexistente. Organizaciones como CEPAL,[5] DIRSI[6] y OSILAC han llevado a cabo investigaciones sólidas o han contribuido a que otras organizaciones lo hicieran. En algunas áreas temáticas la investigación ha avanzado más, por ejemplo, en los temas de

---

com/stats.htm

4   OSILAC. Sistema de información estadístico de TIC www.eclac.cl/tic/flash/

5   Comisión Económica para América Latina y el Caribe

6   Diálogo Regional sobre la Sociedad de la Información

infraestructura (marcos regulatorios, precios de acceso, etc.) o de educación. No obstante, el alcance de la investigación es aún relativamente pequeño en la mayoría de las áreas temáticas (la salud, la economía, el ambiente, los desastres naturales, etc.) y hay pocas entidades que realicen investigación relativa a la sociedad de la información.

1.2 Participación

La participación es una característica deseable de la gobernanza democrática. Si adoptamos un sentido amplio de "gobernanza", más allá del ámbito político, se trata de "la capacidad de una sociedad de enfrentar sus desafíos".[7] En ALC, la participación individual relativa al desarrollo y las TIC ha aumentado tanto como la de las organizaciones —la primera, debido a prácticas de gobierno electrónico y democracia digital como, por ejemplo, la innovadora iniciativa de presupuesto participativo en Porto Alegre (Brasil), que se extendió luego a muchos otros municipios de la región; la segunda pudo observarse en la participación sectorial en procesos que construyen la base para la sociedad de la información. Aquí nos concentraremos en la participación de las organizaciones o de grupos de interesados.

La Cumbre Mundial sobre la Sociedad de la Información (CMSI) estimuló el surgimiento de iniciativas de una multiplicidad de grupos de interesados, a la hora de lidiar con estos asuntos en la región. Durante la fase de preparación que condujo a la primera conferencia de la CMSI (Ginebra, diciembre de 2003) las organizaciones de la sociedad civil de toda la región comenzaron a reunirse para trabajar en asuntos prioritarios, así como para ponerse en contacto con las delegaciones gubernamentales de sus propios países. Lo mismo ocurrió con el sector privado, si bien en menor escala, con la Asociación Iberoamericana de

---

7 Prats i Català, Joan. 2002. "Gobernabilidad democrática en América Latina finisecular (Instituciones, gobiernos, liderazgos)". *Paper No. 2, Colección de papers. Instituto Internacional de Gobernabilidad, Barcelona.* www.iigov.org/papers/tema1/paper0002.htm

Centros de Investigación y Empresas de Telecomunicaciones (AHCIET) concentrando la representación del sector. La CMSI trató muchísimos asuntos, y los gobiernos de la región cuya capacidad técnica en el área era escasa se beneficiaron de los conocimientos de las ONG y los académicos del sector. Algunos países, como por ejemplo Uruguay, integraron personas ajenas al gobierno a sus delegaciones oficiales. Si bien el funcionamiento oficial de la CMSI siguió excluyendo a las ONG de la toma de decisiones, fueron habituales el contacto y la colaboración entre los diferentes partes interesadas, que incluso se integraron formalmente en instancias tales como el Grupo de Trabajo sobre la Gobernanza de Internet (WGIG), el cual se creó en el ínterin entre las dos fases (diciembre de 2003-noviembre de 2005), y posteriormente dio lugar al actual Foro de Gobernanza de internet (IGF).

El proceso de eLAC continuó con esta orientación parcial hacia las múltiples partes interesadas, aunque sin avances significativos en relación con la situación de 2003 y 2005. eLAC es un proceso intergubernamental en el que no sólo participan organizaciones de gobierno, aunque los representantes no gubernamentales no tienen estatus oficial. Cuenta con un comité de control con actores no gubernamentales que hacen las veces de observadores, por ejemplo, y muchas de las contribuciones de la sociedad civil se hacen en los comités temáticos (por ejemplo, el de educación) y provienen de funcionarios públicos. Aún no se han implementado procesos formales que involucren a las diversas partes interesadas que tienen influencia y responsabilidad en la toma de decisiones (acuerdos, políticas, compromisos, etc.). En los ámbitos nacionales se observa más participación directa de la sociedad civil en la elaboración de políticas como, por ejemplo, las consultas públicas en Ecuador durante la redacción de la nueva Constitución en 2008, o durante la preparación de la primera Agenda Digital en Argentina en 2009.

Otros foros regionales muestran a los grupos de interesados desempeñando papeles activos. El IGF de ALC es donde la sociedad civil está más activa y más representada, aunque sus recomendaciones (al igual que las del IGF mundial) no son vinculantes. En el nivel operativo, las redes más flexibles e incluyentes (por ejemplo, la Red GeALC[8] sobre gobernanza y el proyecto eSAC[9] sobre la salud) han permitido que varios grupos de interesados trabajen juntos directamente, y de hecho se han transformado en plataformas de grupos de interesados que apoyan avances importantes en lo relativo a las políticas y a las prácticas.

1.3 Colaboración

Algunos académicos y profesionales prefieren el concepto de "sociedad en redes" propuesto por Manuel Castells a los conceptos más ambiguos de "sociedad de la información" o "sociedades del conocimiento". De todos modos, las redes constituyen un factor diferenciador en la manera en que las estructuras sociales y productivas se organizan actualmente, dada la gran cantidad de redes existentes y el alto grado de eficacia que algunas de ellas alcanzan.

Las redes son entornos adecuados para llevar a cabo programas y actividades de desarrollo debido a una cantidad de factores, entre los que se cuentan (i) la flexibilidad, (ii) su orientación hacia la inclusión, que facilita la participación, (iii) la facilidad con la que permiten compartir información y conocimiento, y (iv) su alcance geográfico, que permite que se extiendan más allá del territorio nacional. Pero quizá lo más importante, y que integra a todo lo anterior, es la capacidad de las redes para fomentar y canalizar el trabajo colaborativo para el desarrollo, lo cual está en el núcleo de la idea de desarrollo abierto.

ALC ha presenciado un florecimiento de las redes de desarrollo desde 2000 que, al igual que en otras regiones se debe al mayor acceso a las TIC sumado al surgimiento de instrumentos de comunicación simples y poderosos (como la web 2.0). Pero

---

8   Red de Gobierno Electrónico en América Latina y el Caribe (Red GeALC)

9   eSalud Pública y Equidad en América Latina y el Caribe (eSAC)

es posible señalar dos características distintivas. Una es el efecto lingüístico, dado que la gran mayoría de la población de la región habla español o portugués, e incluso hay una creciente cantidad de personas que entienden ambas lenguas, dadas las similitudes entre ellas. La segunda característica es cultural y se refiere a una predisposición a las comunicaciones humanas y personales.

Algunas de las iniciativas de desarrollo relativas a la sociedad de la información que han tenido más éxito en ALC se han implementado a través de redes o mediante el trabajo en red. Las redes como RELPE[10] o Educared en el ámbito de la educación, GeALC en el gobierno electrónico, DIRSI o ACORN-REDCOM[11] en la investigación académica sobre TIC para el desarrollo, RICG[12] en compras gubernamentales, la red institucional de capacitación vocacional CINTEFOR,[13] RedCLARA[14] en investigación sobre ciencia y tecnología, APC[15] en el área de de los derechos relativos a la comunicación, etc., han hecho contribuciones importantes en sus campos, y continúan haciéndolas. El trabajo en red, mientras tanto, está en el núcleo operativo de importantes iniciativas como, por ejemplo, el proceso eLAC, la creación de una agenda electrónica de salud regional y la coordinación entre países para el manejo de desechos electrónicos.

No obstante, hay desafíos en lo relativo a la sostenibilidad y la estabilidad de la mayoría de las redes de desarrollo en ALC que deben ser enfrentados si se quiere que las actividades de redes sirvan de base operativa para el trabajo sobre desarrollo abierto en la región.

---

10   Red Latinoamericana de Portales Educativos (RELPE)

11   Red Americana de Investigación en Información y Comunicación (ACORN-REDCOM)

12   Red Interamericana de Compras Gubernamentales (RICG)

13   Centro Interamericano para el Desarrollo del Conocimiento en la Formación Profesional (CINTEFOR)

14   Cooperación Latino Americana de Redes Avanzadas (RedCLARA)

15   Asociación para el Progreso de las Comunicaciones (APC)

2. Desafíos al desarrollo abierto en América Latina y el Caribe

Hay muchas áreas potenciales para el desarrollo abierto que brindan oportunidades a los pueblos de ALC, pero aún no muestran un camino claro y "abierto". Algunas tienen relación con la gobernanza de internet, la propiedad intelectual, los modelos de negocios colaborativos, la ciudadanía digital y la privacidad, y acerca de ellas se debatió en el coloquio Desarrollo Abierto: explorando el futuro de la sociedad de la información en ALC 2000-2025 (Montevideo, abril de 2013).

En lo relativo a los tres factores mencionados: acceso, participación y colaboración, la investigación realizada en el proyecto 25 años de la sociedad de la información en ALC indica algunos desafíos específicos con los cuales lidiar durante los próximos años. Si se los encara con éxito, los resultados podrían fortalecer el marco de operación para el desarrollo abierto en ALC en los plazos mediano y largo, e incluso podríar empezar a producir efectos en el corto plazo.

2. 1 Acceso

ALC tiene la más alta penetración de internet de las regiones en vías de desarrollo, pero alrededor de la mitad de la de los países miembros de la OCDE (que se acerca a 80%). Al margen de las amplias diferencias entre países, la parte de suscripciones a internet de banda ancha (fija y móvil) es sólo de un 30% del total del acceso a internet.[16] Las nuevas estrategias de banda ancha para ALC que están siendo discutidas deben abarcar más que una conectividad más rápida y más amplia. Es más importante que incorporen una agenda integrada para el acceso que

---

16   UIT Base de datos de telecomunicaciones 2012, en Katz, R.L. y Galperin, H. 2013. "La brecha de demanda: determinantes y políticas públicas" en Jordán, V.; Galperín, H; Peres, W. eds. *Banda ancha en América Latina: más allá de la conectividad.* UN Economic Commission for Latin America and the Caribbean (ECLAC). Santiago de Chile.

se ocupe de manera explícita y decidida de la capacidad (construcción) y la demanda (generación). Ello supone, en esencia, construir una suerte de "gobernanza de banda ancha" que posibilite un desarrollo abierto que alcance no sólo a quienes ya disponen de acceso.

En cuanto al acceso al conocimiento, es necesario aumentar tanto la cantidad como la calidad de la investigación en ALC acerca de los asuntos de la sociedad de la información.[17] Son pocas las organizaciones nacionales (por ejemplo, las universidades) u organizaciones internacionales para el desarrollo (IDRC, la Unión Europea y APC son excepciones notables) que fomentan activamente o realizan investigación sobre TIC para el desarrollo o la sociedad de la información. En la región de ALC no hay revistas académicas ni publicaciones periódicas especializadas que se ocupen de la problemática relativa a TIC para el desarrollo, o la sociedad de la información. El proceso eLAC, exitoso en otros aspectos de su trabajo, nunca puso en marcha un programa de investigación.

En particular, aún hay poco análisis y poca investigación acerca de qué puede significar el desarrollo abierto para ALC; acerca de la adaptación de las dinámicas de la comunicación y el intercambio, la cooperación, la participación y la colaboración por medio de las TIC en varios contextos regionales (el contexto lo es todo en el desarrollo); acerca de si podría surgir un plan para el desarrollo abierto y cómo podría hacerlo; etc.

2.2 Participación

¿Qué significan los grupos de múltiples interesados para los procesos de desarrollo abierto? Aunque la participación de las diversas partes interesadas en los asuntos de la sociedad de la

---

17   Un aspecto que aquí no se trata por falta de espacio, pero que es importante, es que los gobiernos de la region deberían acatar la creciente cantidad de políticas de datos abiertos y acceso abierto, que con frecuencia existen solo en el papel, ya que para los ciudadanos y las organizaciones sigue siendo difícil acceder a los datos públicos a los que deberían tener derecho por ley.

información ha levantado vuelo desde 2000, es necesario consolidarla en la práctica para que se lleven a cabo intervenciones de desarrollo abierto efectivas e influyentes. Es posible que eso suponga dar cabida a sectores no gubernamentales en algunos aspectos de la toma de decisiones (como, por ejemplo, acerca de las políticas y las prácticas de datos abiertos), así como en la asunción de responsabilidades. Pero esta situación aún no se ha dado en el ámbito regional (eLAC) ni uniformemente en los ámbitos nacionales.

Aumentar y extender la participación no supone necesariamente reducir el papel del Estado. Una de las tendencias políticas en ALC desde 2000 ha sido, precisamente, el "regreso del Estado" desde una fase anterior de debilitamiento marcada por el Consenso de Washington (que actualmente concita consenso en la región sólo en lo que respecta a sus fallas y sus límites). Las estrategias de desarrollo abierto deben considerar cómo reforzar el Estado "apenas lo suficiente" para facilitar la participación efectiva de múltiples grupos de interesados, por ejemplo, mediante plataformas y estrategias de gobernanza electrónica efectiva.

Un tipo diferente de proceso que involucra a diversas partes interesadas se observa en el ámbito de la sociedad civil. En la mayoría de los países de ALC, la cantidad relativamente pequeña de organizaciones de la sociedad civil (OSC) que se especializan en TIC para el desarrollo o en temas de la sociedad de la información se concentran en asuntos de políticas y dedican la mayor parte de sus esfuerzos a intentar relacionarse con el gobierno y otros grupos de interesados. Una consecuencia de ello es que dedican comparativamente poco esfuerzo a trabajar con otras OSC en áreas temáticas (agricultura, educación, género, etc.) para reforzar su capacidad en TIC. Sería beneficioso revertir esta pauta para involucrar más efectivamente a todo el sector de la sociedad civil en los procesos del desarrollo abierto.

2.3 Colaboración

El desarrollo abierto es, casi por definición, un enfoque del desarrollo por medio de redes. Pero ¿el estado actual de la mayoría de las redes de desarrollo es adecuado para la colaboración extendida y productiva? La mayoría de las redes de desarrollo actuales no cuentan con estrategias, administración ni análisis específicos para las redes. Se sabe poco acerca de los efectos combinados en las redes (es decir, cuándo los cambios en un componente de una red pueden afectar a otros componentes). El trabajo colaborativo en las redes de desarrollo parece ser más un arte que una ciencia, y la aplicación de tecnologías como el análisis de redes sociales es poco frecuente. Como observó Martin Hilbert en una entrevista que se le hizo para el proyecto 25 años de la sociedad de la información en ALC, en lo relativo a las redes y el trabajo de desarrollo "conocemos los nodos, pero no las redes".

Es posible que la región esté actualmente en una etapa temprana, la etapa "red 1.0", y precise evolucionar hacia etapas más estandarizadas y racionales, de "red 2.0", que aprovechen los atributos positivos de las redes en cuanto a la flexibilidad, inclusividad y creatividad para mejorar la productividad (como es el caso, por ejemplo, de la producción de software de código abierto). Eso requerirá, por parte de los organismos de desarrollo nacionales e internacionales, una comprensión nueva de las maneras de brindar apoyo preferencial a las redes (sin importar cuán compactas o descentralizadas sean), un enfoque favorecido enérgicamente por IDRC y otras pocas instituciones. Tal perspectiva debería abarcar actividades tendientes a reforzar las redes institucionales, e incluir indicadores y métodos de control adecuados, para avanzar hacia "redes basadas en los resultados".[18]

Estos problemas de baja productividad, inestabilidad y no sostenibilidad económica que se encuentran actualmente en

---

18 En consonancia con las practicas de desarrollo habituales de administración, indicadores, programación, etc. basadas en los resultados.

ALC deben superarse para que las redes de desarrollo sirvan de implementadoras fundamentales de los procesos de desarrollo abierto.

3. Algunas reflexiones finales sobre el desarrollo abierto en ALC

Desde la perspectiva del surgimiento de procesos de desarrollo abierto en ALC, este artículo ha sostenido que:

> (i) En lo relativo al acceso a las TIC, el balance es relativamente positivo. Se constatan nuevas estrategias de banda ancha que pueden disminuir sustancialmente las diferencias digitales. Por otro lado, en cuanto al acceso al conocimiento, la cantidad de investigación acerca de los asuntos relativos a la sociedad de la información es insuficiente.

> (ii) En cuanto a la participación, los avances en el trabajo con multiplicidad de grupos de interesados (más en proyectos y actividades, menos en procesos) han sido importantes, pero se los podría consolidar para transformarlos en contribuciones con efecto en la toma de decisiones.

> (iii) En lo que respecta a la colaboración, han surgido muchas redes orientadas al desarrollo, las cuales han hecho contribuciones importantes al desarrollo; no obstante, tienden a ser insostenibles y no utilizan métodos organizativos adaptados a las redes.

Por consiguiente, el panorama general es de una preparación relativamente positiva para el desarrollo abierto en ALC, que podría ser mayor si se superaran algunos desafíos relativamente asequibles. Tales desafíos (aumentar la investigación, mejorar el desempeño de las redes, etc.) no pueden superarse en el corto plazo, pero quizá podrían surtir efectos graduales y perceptibles a mediano y largo plazo.

Por último, sugerimos algunas cuestiones adicionales que abarcan a todos esos factores y pueden también contribuir a un trabajo más efectivo de desarrollo abierto:

- *Reconsiderar la conveniencia del fortalecimiento institucional como instrumento de desarrollo.* Actualmente, el apoyo por parte de los financiadores va casi exclusivamente a proyectos de "acción" (o dirigidos). Casi no hay iniciativas que procuren el reforzamiento institucional como objetivo explícito (sobre todo en el caso de las ONG). Un enfoque nuevo del desarrollo, como el desarrollo abierto, puede requerir apoyo institucional nuevo para garantizar que esté impulsado por la demanda.

- *Hacer que las TIC estén establecidas.* Dada la inercia institucional, el conocimiento obtenido por los actores del desarrollo (los gobiernos entre ellos) en el trabajo específico de TIC para el desarrollo a menudo es sólo parcialmente absorbido por otras unidades e iniciativas. Se puede precisar políticas específicas para acelerar los cambios e integrar por completo el uso de las TIC en todas las oficinas, ministerios, etc.

- *Vincular la investigación con las políticas.* No es fácil conectar la investigación a los procesos de elaboración de políticas, por eso puede ser necesario prestar particular atención a las dinámicas involucradas (como proyectos o actividades dirigidos específicamente a mejorar esos vínculos como, por ejemplo, el proyecto Impacto 2.0[19] de la Fundación Comunica e IDRC). Para los enfoques innovadores propugnados por el desarrollo abierto, se necesitará especialmente crear conciencia en los hacedores de políticas.

- *Control y evaluación.* Esta es una de las áreas "rezagadas" en el trabajo de TIC para el desarrollo. Es escaso el conocimiento acerca de los indicadores y los métodos adecuados, y la capacidad

---

19 Girard, Bruce y E. Acosta y Lara (eds.). 2012. *Impacto 2.0: Nuevos mecanismos para vincular investigación académica y políticas públicas.* Fundación Comunica. Montevideo

y pericias necesarias para usar ese conocimiento son aun más escasas. Los procesos de desarrollo abierto deben invertir en generar el conocimiento y la capacidad necesarios, como parte del reforzamiento institucional (tanto interno como del trabajo de campo).

CONCLUSIÓN

Apertura y desarrollo[1]

Robin Mansell, Fernando Perini y Bruce Girard[2]

La expresión *desarrollo abierto* está ganando fuerza como forma de centrar la atención en las múltiples tensiones que afectan la búsqueda del desarrollo económico y social de una sociedad que depende cada vez más de la información. Si bien reconocemos que el acceso a la tecnología sigue siendo un problema importante, la pregunta realmente clave no es *si* las sociedades van a poder aprovechar la propagación de las tecnologías, redes y aplicaciones digitales, sino *cómo* van a hacerlo. El *desarrollo abierto* subraya que nuestra sociedad de la información se caracteriza por numerosas fuerzas contrarias que requieren diversos grados de apertura.

Por un lado, ciertos sectores priorizan un enfoque que se caracteriza por un control más fuerte de la información, la comunicación y las redes, centrándose en el intercambio seguro de información, la salvaguarda de la escasez de información a través de los derechos de autor, y unas plataformas tecnológicas comerciales que guían la innovación y el crecimiento económico. Por otro lado están los sectores que promueven enfoques abiertos, fomentando que la información se comparta a nivel comunitario, que haya acceso al conocimiento y que la innovación sea horizontal, descentralizada, colaborativa y generativa. Estas dos posturas responden de manera muy diversa tanto a nivel de

---

1 Estas conclusiones se basan en el informe sobre los debates ocurridos durante el segundo día del seminario Desarrollo Abierto: explorando el futuro de la sociedad de la información en América Latina y el Caribe 2000-2025.

2 Bruce Girard es director de Fundación Comunica

políticas como de prácticas, lo que crea tensiones y una búsqueda constante de soluciones, a medida que va surgiendo la sociedad de la información en América Latina y el Caribe.

Si nuestra preferencia está en sintonía con los objetivos de un desarrollo inclusivo y equitativo que garantice el respeto por los derechos humanos, la libertad de expresión y el derecho a un grado razonable de privacidad, los responsables de la formulación de políticas, el sector privado y la sociedad civil deberán buscar un equilibrio que favorezca la consecución de estos objetivos. Si bien puede ser deseable ejercer cierto control sobre las redes y los contenidos, no se deben crear o reforzar desigualdades. Un desarrollo más inclusivo requiere cierto equilibrio entre enfoques contradictorios.

El camino hacia una sociedad inclusiva de la información en América Latina y el Caribe no está nada claro. Las diversas perspectivas de los expertos que se presentan en este libro muestran la existencia de varios desafíos importantes a superar, a la hora de construir sociedades de la información o del conocimiento más equitativas e inclusivas. A continuación se presenta una síntesis de las prioridades surgidas en los debates del encuentro sobre desarrollo abierto que tuvo lugar en Montevideo y que se destacan en esta publicación, que pueden oficiar como guía para las políticas y prácticas de la sociedad de la información emergente en la región.

Es necesario defender los principios de una internet abierta en América Latina y el Caribe, que están cada vez más amenazados.

Los expertos reunidos en Montevideo concordaron en la imperiosa necesidad de proteger el principio de apertura que ha conducido el desarrollo de internet contra un creciente número de peligros, entre los cuales figuran:

- Reformas legislativas e intervenciones estatales en áreas como el ciberdelito y los derechos de autor, que ejercen un control excesivo sobre los contenidos y pueden restringir los derechos humanos, incluso el derecho a la libertad de expresión y asociación.

- Prácticas invasivas en el manejo de la infraestructura de la red (por parte de los operadores y/o los intermediarios), que amenazan la privacidad y conllevan discriminación y persecución económica y social.

- Para algunos usuarios, los servicios de acceso cerrado o limitado pueden ser aún más atractivos que pagar por acceder a todos los servicios y la información disponibles. Al final, este comportamiento de los usuarios puede intensificar la concentración en unos pocos sistemas y "jardines vallados", que limitan el acceso abierto a internet.

Los gobiernos deberían adoptar las nuevas formas de ciudadanía digital existentes, teniendo en cuenta su coherencia con las prácticas de la democracia participativa.

A pesar de las iniciativas tendientes a incorporar las tecnologías en el gobierno y el suministro de servicios, es importante reconocer que la amplia variedad de modelos potencialmente interactivos entre la sociedad y el Estado aún no se reflejan correctamente en la gobernanza práctica de la región. Si queremos que las nuevas formas digitales de participación contribuyan a consolidar y mejorar la gobernanza democrática de la región, es necesario reconocer que:

- Los gobiernos tienen que luchar para alcanzar una mayor transparencia y estar más abiertos a la participación. Esto implica cambios significativos en la visión que tiene el propio Estado de sí mismo así como el desarrollo de nuevas capacidades.

- Es importante supervisar que los Estados estén desarrollando plataformas interactivas que permitan el compromiso con la ciudadanía y la incorporación de sus voces a las decisiones gubernamentales.

- Las nuevas formas de ciudadanía digital deben coincidir con y responder a la historia de los movimientos sociales tradicionales, que siempre han incorporado la acción colectiva como un componente esencial.

- Existe una necesidad fundamental de construir capacidad en la ciudadanía para que su participación en las nuevas plataformas interactivas tenga eficacia. De lo contrario, las voces que se escuchan en línea reflejarán y reforzarán las desigualdades tradicionales de nuestras sociedades.

Los sectores antes excluidos están empezando a colaborar en un grupo de plataformas en línea que plantean un desafío a las estructuras formales establecidas, y habilitan caminos alternativos de desarrollo.

Existen nuevos modelos basados en la capacidad de coordinación voluntaria o informal de las comunidades en línea, que están llegando a grupos antes excluidos de la economía global y que empiezan a tener impacto en sus vidas. La gente usa cada vez más internet para compartir tiempo, conocimientos, dinero y muchos otros recursos y bienes claves de maneras innovadoras, creando nuevas formas de ofrecer productos y servicios cada vez más asequibles y con una mayor sustentabilidad ambiental. Es fundamental entender qué brechas están llenando estas nuevas formas de colaboración y qué necesidades ciudadanas cubren, y si complementan o desestabilizan tanto la economía formal como los servicios públicos.

- Hay cada vez más plataformas que multiplican la capacidad de las comunidades en línea o fuera de ella para crear soluciones a sus aspiraciones, como mejorar el acceso a necesidades básicas tales como la salud, la obtención de ingresos y la educación.

- Estos nuevos modelos colaborativos se están volviendo cada vez más importantes para la base de la pirámide. Es fundamental mapear y documentar estrategias horizontales eficientes y así poder pensar mejores maneras de conducir el potencial de estos modelos para responder a necesidades sociales urgentes.

- Es necesario entender el espectro de interacciones en línea que tienen lugar más allá del mercado, con el fin de analizar las formas emergentes de innovación social. Al mismo tiempo, a medida que éstas se propagan, es importante comprender de qué manera se deben regular.

La contribución de los derechos de autor en la economía creativa, que cada vez es más digital, es tema de creciente controversia en nuestras sociedades. Sin embargo, hay muchas oportunidades para elaborar posturas equilibradas.

En relación al papel de los derechos de autor en la economía digital, nuestras sociedades enfrentan una polarización creciente entre los defensores y los escépticos.Por un lado, aumenta la presión para reforzar estas protecciones y su aplicación y, por ejemplo, se las exige como parte de los acuerdos comerciales internacionales. Por otro lado, quienes están a favor de modelos económicos y sociales más colaborativos tienden a enfocarse en las posibles distorsiones resultantes de un más ampio acceso y una mayor apropiación del conocimiento gracias a las tecnologías de la información. Dado que es probable que éste siga siendo un tema controvertido, las recomendaciones siguientes subrayan algunas áreas en las que deberían centrarse nuestros esfuerzos:

- Reunir casos específicos para demostrar el impacto concreto de la legislación relativa a los derechos de propiedad intelectual ya existente en los contextos locales y regionales, las distorsiones para acceder al conocimiento que éstas pueden producir, y las implicaciones que tienen sobre los esquemas sociales y económicos.
- Explorar políticas públicas que estimulen el licenciamiento abierto de la producción académica, científica, gubernamental y cultural, como forma de estimular el desarrollo social y económico, y así reducir las brechas claves del acceso al conocimiento en la región.

- Exigir procesos más transparentes y multisectoriales para las negociaciones internacionales que implican cambios potenciales en los regímenes de propiedad intelectual.

- Conectar la regulación de los derechos de propiedad intelectual con los derechos humanos, para que haya equilibrio entre los derechos fundamentales (libertad de expresión y acceso a la información) y el interés de la industria creativa en aplicar los derechos de autor.

- Propagar el concepto de innovación más allá de los procesos tecnológicos guiados por el mercado, reconociendo que los sistemas de conocimiento compartido y colaborativo contribuyen a la sustentabilidad de diferentes actividades sociales y económicas, así como a crear una mayor equidad social.

La privacidad enfrenta numerosas amenazas en la región, que está cada vez más conectada por la tecnología. Existen pruebas cada vez más contundentes de que, si no median acciones decisivas, se propagarán nuevas formas de discriminación social y económica.

La privacidad es un concepto que atraviesa cambios sustanciales en sociedades donde hay cada vez más información disponible para todos los interesados y para múltiples propósitos.

- Varios países de la región de ALC actualizaron su legislacion de protección de la privacidad. Sin embargo, la enorme brecha que hay entre la regulación y la implementación real de las normas de privacidad en la región pone en jaque los derechos constitucionales individuales. La legislación y la regulación, sin capacidad institucional para su implementación, no pueden ser eficaces.

- Si bien la manipulación de datos puede significar beneficios directos para las agencias del gobierno, las empresas y los usuarios, las políticas y prácticas actuales de la región en relación a la protección de datos, la vigilancia y la intrusión en la privacidad son inadecuadas. El abuso es cada vez más común, así como la discriminación de personas, y a menudo ésto sucede sin que se den cuenta.

• Hay que fortalecer los mecanismos para que los Estados se hagan responsables de proteger la privacidad de sus ciudadanos y, además, establecer otros mecanismos para evaluar a los actores del sector privado y para asegurar que las prácticas utilizadas para recolectar y procesar información sobre la ciudadanía cumplen con las normas establecidas. Es importante tener en cuenta las sanciones disponibles para quienes violan la privacidad, saber si se están aplicando, y si son eficaces.

Muchas de estas propuestas llevan implícito un pedido de pruebas que ayuden a fundamentar políticas, y un llamado a establecer un diálogo entre expertos para analizar todos estos temas en el contexto de la construcción de sociedades de la información más inclusivas. Para que los responsables de la formulación de políticas y otras partes interesadas puedan captar el sentido de lo que está sucediendo en las sociedades de la información de América Latina y el Caribe, con sus muchas características distintivas, es importante supervisar el progreso en numerosos frentes. Como comunidad que representa diferentes perspectivas, tenemos que generar evidencia, analizar en profundidad las consecuencias de las diversas opciones políticas y responder activamente a los desafíos y oportunidades emergentes. El objetivo debe ser descubrir qué iniciativas conducen al éxito y cuáles al fracaso, y cerciorarnos de aprender a partir de las diversas experiencias de innovación en las sociedades de la información de la región.

Al invertir en la recolección de evidencia sobre los desarrollos en todas estas áreas, será posible ir más allá del "acceso" y analizar muchas de las cuestiones claves que afectarán el modo en que las personas y sus comunidades experimentarán sus sociedades de la información en los próximos años. Esto no significa abandonar el trabajo sobre la brecha digital y el acceso y uso de las TIC. Pero sí implica prestar más atención a las posibilidades emergentes de aprender, crear y mejorar su vida que tendrán los usuarios de TIC y los ciudadanos, así como a los obstáculos que podrían reforzar las inequidades y restringir la inclusividad en la sociedad de la información emergente.

La necesidad de resolver estos asuntos, en la agenda de los países de América Latina y el Caribe, va de la mano de otros esfuerzos globales en pos de sociedades de la información más inclusivas. Por ejemplo, los autores del informe "Renewing the Knowledge Societies Vision", subrayan que: "Es esencial recordar que las sociedades del conocimiento tienen interés en el desarrollo humano, no sólo en la innovación tecnológica y sus impactos".[3] El acceso a la información y las redes es un requisito básico para la creación de las sociedades de la información, pero no es suficiente. Adquirir y aplicar conocimiento implica entender y participar. El acceso al conocimiento implica algo más que acceder a computadores o teléfonos móviles, o incluso a la información digital. Requiere aprendizaje, y éste se obtiene a través de la experiencia.

Hay una necesidad cada vez mayor de comprender mejor los desarrollos específicos de la región de ALC, no sólo en relación al acceso, sino también en lo relativo a la ciudadanía, los derechos de propiedad intelectual, la privacidad y los emprendimientos en línea. Lo que suceda en todas esas áreas seguirá afectando la "experiencia del usuario" en las sociedades de la información. Los interesados tienen que entender esto para ser capaces de comprender cómo influye lo que sucede en sus sociedades de la información sobre la cultura, el mercado laboral, la salud, la participación política y el desarrollo de mercados. El potencial completo de las sociedades de la información se alcanzará sólo cuando se comprenda mejor el equilibrio entre estrategias cerradas, abiertas y mixtas para el desarrollo de la sociedad de la información.

---

3   Mansell, Robin y Gaëtan Tremblay. 2013. "Renewing the knowledge societies vision: towards knowledge societies for peace and sustainable development". *WSIS+10 Conference*. UNESCO. Paris.